BestMasters

Mit „BestMasters“ zeichnet Springer die besten Masterarbeiten aus, die an renommierten Hochschulen in Deutschland, Österreich und der Schweiz entstanden sind. Die mit Höchstnote ausgezeichneten Arbeiten wurden durch Gutachter zur Veröffentlichung empfohlen und behandeln aktuelle Themen aus unterschiedlichen Fachgebieten der Naturwissenschaften, Psychologie, Technik und Wirtschaftswissenschaften.

Die Reihe wendet sich an Praktiker und Wissenschaftler gleichermaßen und soll insbesondere auch Nachwuchswissenschaftlern Orientierung geben.

Katharina Kemether

Herausforderungen an Führungskräfte aus systemtheoretischer Sicht

Eine qualitative Studie zu Bewältigungsstrategien in der Praxis

Springer Gabler

Katharina Kemether
Berlin, Deutschland

BestMasters
ISBN 978-3-658-11949-2 ISBN 978-3-658-11950-8 (eBook)
DOI 10.1007/978-3-658-11950-8

Die Deutsche Nationalbibliothek verzeichnet diese Publikation in der Deutschen Nationalbibliografie; detaillierte bibliografische Daten sind im Internet über http://dnb.d-nb.de abrufbar.

Springer Gabler

Springer Fachmedien Wiesbaden ist Teil der Fachverlagsgruppe Springer Science+Business Media
(www.springer.com)

Geleitwort

Die Arbeitswelt ist im Umbruch. Globalisierung, Digitalisierung und Vernetzung – um nur einige Schlagworte zu nennen – erhöhen die Komplexität von Entscheidungen. Arbeitsformen wie Projektarbeit rücken in neuen Dimensionen (global, virtuell etc.) in den Fokus. Diese Entwicklung verändert die Anforderungen an und den Blickwinkel auf gute Führung. Führung von Teams anstatt der individuellen Brille wird immer wichtiger.

Nach einer Studie des „Forums Gute Führung" ist das Bewusstsein für die Notwendigkeit eines tiefgehenden Wandels der Führungskultur durchaus vorhanden. Gleichzeitig sieht sich ein Großteil der Führungskräfte kaum in der Lage, diesen Wandel aktiv zu gestalten (Forum Gute Führung, 2014).

Eine Antwort kann der neuentwickelte synergetische Führungsansatz darstellen. Dieser überträgt systemtheoretische Überlegungen auf die Frage, wie eine Arbeitsgruppe als Mikrosystem gemanagt werden kann und welche Aufgaben die Führungskraft bewältigen muss. Der Ansatz identifiziert hierbei sechs zentrale Funktionen der Systemsteuerung wie z.B. Identitätsbildung, Management von personalen, immateriellen und materiellen Ressourcen, Prozessevaluation und ein Streben nach Verbesserung etc. (Graf/Witte, 2012).

Frau Kemether kombiniert nun diesen Führungsansatz mit den bekannten Führungsdilemmata von Neuberger (Neuberger, 2002) wie z.B. Teamorientierung vs. individuelles Eingehen auf Mitarbeiter oder Tradition vs. Veränderung. Auf dieser Grundlage analysiert sie die Aufgaben, Herausforderungen und Lösungsansätze von Führungskräften aus unterschiedlichen Branchen.
Die Arbeit verfolgt dabei eine doppelte Fragestellung: Welche Herausforderungen sind aus der Perspektive Teamführung im Führungsalltag präsent? Und welche Bewältigungsstrategien werden von Führungskräften angewendet, um diesen Problemen zu begegnen? Die Arbeit liefert anhand einer qualitativen Befragung erste empirische Ansätze für die Ausgestaltung synergetischer Führung in der Praxis und bietet bereits jetzt erste Erkenntnisse für den Alltag von Führungskräften.

Die Ergebnisse basieren auf einer methodisch einwandfreien qualitativen Studie. Problemzentrierte, semi-strukturierte Interviews mit 23 Führungskräften und eine beeindruckend detaillierte Auswertung mittels qualitativer Inhaltsanalyse liefern einen fundierten Einblick in Führungspraxis und –verständnis.

Die Arbeit zeigt, dass die klassischen Führungsdilemmata gerade aus einer systemtheoretischen Perspektive heraus eine enorme Herausforderung darstellen. Zugleich verfügen Führungskräfte bereits über ein Repertoire an Bewältigungsstrategien, um diesen in der Praxis zu begegnen. In Ansätzen ist dabei bereits ein systemtheoretisches Führungsverständnis zu erkennen, z.B. im Umgang mit dem Spannungsfeld Individual- versus Gleichbehandlung von Mitarbeitern. Andererseits zeigt sich eine gewisse Ambivalenz im Führungsverhalten. So erkennen zwar viele Führungskräfte die Nachteile von Konkurrenzverhalten unter den Mitarbeitern, fördern dieses aber zum Teil auch bewusst. Die nachhaltige Verankerung von systemorientiertem Denken und Handeln in der Führungspraxis erfordert allerdings nicht nur ein Umdenken der Führungskräfte; zum Teil mangelt es gerade in der unteren Führungsebene auch an den nötigen Entscheidungsspielräumen aufgrund äußerer Restriktionen.

Berlin, den 07. September 2015

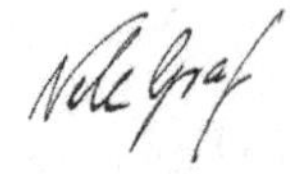

Prof. Dr. Nele Graf
Professorin für Personal & Organisation
Leiterin des CompetenceCentres for Innovations & Quality in Leadership & Learning (CILL)

Literatur:

Forum Gute Führung (Hg.). Führungskultur im Wandel. Kulturstudie mit 400 Tiefeninterviews. (Online verfügbar unter: http://www.inqa.de/SharedDocs/PDFs/DE/Publikationen/fuehrungskultur-im-wandel-monitor.pdf?__blob=publicationFile)

Graf, N. & Witte, E. (2012). Synergetische Führung – die Steuerung eines zukunftsfähigen Mikrosystems. In: S. Grote (Hg.), *Die Zukunft der Führung*. Berlin, Heidelberg: Springer, S. 513-529.

Neuberger, O. (2002). Führen und führen lassen – Ansätze, Ergebnisse und Kritik der Führungsforschung. Stuttgart: UTB.

Profil CompetenceCentre

Das CompetenceCenter for Innovations & Quality in Leadership & Learning (CILL) ist der hochschulübergreifende Zusammenschluss von Professoren, die sich mit Themen der Führungsforschung und der Forschung des betrieblichen Lernens auseinander setzen. Gegründet 2013 konnten bereits erste Erfolge wie die BMBF-Finanzierung eines neuen, auf der Systemtheorie aufbauenden Führungskonzepts eingeworben werden. (Laufzeit 01.2015 bis 07.2017)

Weitere Forschungsansätze beinhalten die Fragestellung nach der Lernkompetenz von Mitarbeitern als Voraussetzung für erfolgreiche, selbstgesteuerte Lernprozesse sowie Erfolgsfaktoren für die langfristige Integration spanischer Auszubildender in die deutsche Bauindustrie (EU-gefördertes Projekt).

Zusätzlich bietet das CILL Auftragsforschung in den skizzierten Bereichen an. Daneben werden Publikationen und Vorträge in der Praxis gezielt eingesteuert und der Austausch mit der Praxis forciert, um die Lücke im Wissenschafts-Praxis-Transfer zu schließen.

Vorwort

„Wer nicht mit der Zeit geht, geht mit der Zeit.“ – Dieses bekannte Motto, welches Josef Neckermann zugeordnet wird, umfasst in seinem Geltungsbereich auch die Führung. Die Art und Weise, wie wir arbeiten hat sich in den vergangenen Jahrzehnten drastisch verändert. Es ist daher wichtig und logisch, dass sich auch die Art und Weise, wie Mitarbeiter geführt werden an die neuartigen Umstände anpasst und weiterentwickelt.

Globale Vernetzung, steigende Komplexität und wachsende Wettbewerbsdynamik kennzeichnen die heutige Unternehmensumgebung. Um flexibel und effizient auf Trends und Veränderungen reagieren zu können, rückt die Teamarbeit mehr und mehr in den Fokus. Untrennbar damit verbunden gewinnt die Führung von Teamstrukturen rasant an Bedeutung. Das Konzept der synergetischen Führung rückt von dem festgefahrenen Betrachtungswinkel der rein mitarbeiterbezogenen Führung ab und strebt stattdessen eine ganzheitliche Steuerung auf der Ebene des Teams an.

Diese Studie greift den systemtheoretischen Führungsansatz auf und wagt einen Sprung in die Praxis.

- Wie nehmen sich Führungskräfte in ihrer Systemrolle als „Teamleader“ wahr?
- Mit welchen Herausforderungen sehen sie sich in ihrem Führungsalltag konfrontiert und wie können diese gemeistert werden?
- Wo hat systemtheoretisches Führungsverständnis bereits Einzug in den Führungsalltag gehalten?
- Welche Handlungsfelder in der Führungspraxis gibt es aus systemtheoretischer Sicht?

Die Arbeit gibt Aufschluss über diese Fragen und bildet die aktuelle systemtheoretische Realität in der Führung ab. Die Erkenntnisse basieren auf Interviews mit Führungskräften der direkten Führungsebene. Es werden nicht nur Erfolgsfaktoren und Lösungsansätze, sondern auch Grenzen und Restriktionen thematisiert. Synergetische Führung trifft den Nerv der Zeit und enthält ein großes Potential, um den Herausforderungen des Führungsalltags in der heutigen Zeit begegnen zu können.
Die Ergebnisse der Studie sollen zum Nachdenken anregen, vielleicht sogar zur Reflexion des (eigenen) Führungsverhaltens ermutigen.

Dadurch richtet sich dieses Buch getreu dem Motto „Gemeinsam etwas bewegen“ an Führungskräfte jeder Führungsebene sowie an Praktiker, Dozierende und Studierende auf dem Gebiet der Führung.

An dieser Stelle möchte ich Frau Professor Dr. Nele Graf für die erstklassige Betreuung meiner Bachelor-Thesis danken. Ohne ihre großartige Unterstützung mit viel Zeit, Know-How und Motivation wäre diese Arbeit in ihrer heutigen Form sowohl qualitativ als auch quantitativ nicht denkbar gewesen.
Mein Dank richtet sich auch an den Springer-Verlag, durch dessen BestMaster-Programm mir eine Veröffentlichung überhaupt erst ermöglicht wurde.
Eine Studie kann nur so gut sein, wie das ihr zugrunde liegende Datenmaterial. Ein herzliches Dankeschön daher an „meine“ Führungskräfte, die mit ihrer Teilnahme die Grundlage für diese Arbeit gelegt haben.
Nicht zuletzt danke ich meiner Familie sowie meinen Kommilitoninnen und Kommilitonen für die unzähligen gegengelesenen Seiten und die hilfreiche Kritik. Mein besonderer Dank gilt vor allem meinem Partner Mikosch Gleser, der mich in dieser aufregenden Zeit mit unvorstellbar viel Geduld, Verständnis und Motivation unterstützt hat.

Berlin, September 2015

Katharina Kemether

Inhaltsverzeichnis

Abbildungsverzeichnis

Abstract

Die vorliegende Arbeit greift den Ansatz des systemtheoretischen Führungsverständnisses auf und erforscht diesen anhand einer qualitativen Studie im Praxisbezug. Untersucht wird hierbei, welche Herausforderungen aus systemtheoretischer Sicht im Alltag von Führungskräften der unteren Führungsebene präsent sind und mit welchen Bewältigungsstrategien sie diesen begegnen. Theoretische Grundlage der Studie ist das von Nele Graf und Erich H. Witte begründete Konzept der synergetischen Führung. Durch den Übertrag von systemtheoretischen Überlegungen auf das Thema Führung wird das Team als Führungseinheit in den Mittelpunkt gerückt und zentrale Funktionen für die Steuerung dieses Mikrosystems formuliert.
Kombiniert wird dieser neuartige Führungsansatz im Rahmen der Studie mit den bewährten Führungsdilemmata nach Oswald Neuberger, die als Basis zur Erhebung von Herausforderungen dienen. Die Zusammenstellung der untersuchten Dilemmata erfolgt durch die Analyse deren Relevanz bezüglich des systemtheoretischen Führungsansatzes. Auf dieser Basis sind die Dilemmata Individualität – Gleichbehandlung, Fremdbestimmung – Selbstbestimmung, Bewahrung – Veränderung, Konkurrenz – Kooperation sowie Zielorientierung – Verfahrensorientierung für den Forschungsaspekt als besonders interessant bewertet worden.

Das Forschungsdesign der Arbeit baut auf mithilfe von problemzentrierten Einzelinterviews eigens erhobenen Daten auf. Zur Sicherstellung der Fokussierung des Interviews auf den relativ eng abgrenzbaren Forschungsaspekt, liegt das Erhebungsverfahren durch einen Interviewleitfaden in halbstrukturierter Form vor. Die Leitfadenkonzeption erfolgt unter Anwendung der Critical Incident Technique zur Analyse von Verhaltensanforderungen, deren Ziel die Gewinnung von Erkenntnissen über erfolgskritische Verhaltensweisen ist. Die erhobenen Daten werden durch die Erstellung von inhaltlichen Protokollen mit Fokus auf den forschungsrelevanten Interviewinhalten aufbereitet.

Zielgruppe der Studie sind Führungskräfte der direkten Führungsebene, die zwischen drei und 15 Mitarbeiter direkt führen. Nach einem Pretest zur Überprüfung und Verbesserung des Interviewleitfadens wurden insgesamt 23 Führungskräfte befragt. Die Studienauswertung erfolgt in Anlehnung an die Methode der qualitativen Inhaltsanalyse nach Phillip Mayring. Hierzu wurden mehr als 200 verschiedene Kategorien definiert, die zur Kodierung von insgesamt knapp 2.000 Kategorieanschlägen verwendet wurden. Nach Kodierung des achten Interviews wurde eine Revision des Kategoriensystems durchgeführt, um die Verfolgung des Analyseziels sowie die treffende Beschreibung des Materials zu überprüfen.

In einem ganzheitlichen Überblick werden die Ergebnisse der Studie global betrachtet, die drei besonders präsenten Dilemmata Fremdbestimmung – Selbstbestimmung, Konkurrenz – Kooperation sowie Zielorientierung – Verfahrensorientierung werden im Rahmen einer vertiefenden, spezifischen Auswertung dargestellt. Die zentralen Aspekte der Studienergebnisse werden hier in zusammenfassender, verdichteter Form dargestellt:

Über alle Fragekomplexe hinweg stellt die Handlungsunfähigkeit aufgrund von mangelnder Entscheidungskompetenz ein großes Hindernis in der Bewältigung von Herausforderungen dar. Führungskräfte der unteren Führungsebene arbeiten insofern meist selbst sehr fremdbestimmt, als ihre Entscheidungskompetenz in wichtigen Fragen oft sehr eng eingegrenzt ist. Oftmals scheitert ein Umdenken in der Praxis an Verfügungsrahmen und Restriktionen der Führungskräfte der unteren Führungsebene. In diesem Zusammenhang besteht eine weitere große Herausforderung für viele Führungskräfte darin, ihrer Vermittler-Rolle zwischen den Mitarbeitern und den höheren Führungsebenen gerecht zu werden.

Das Dilemma Fremdbestimmung versus Selbstbestimmung wird von den befragten Führungskräften als ausgesprochen präsent und herausfordernd erlebt. Ein hohes Maß an Fremdbestimmung ist oftmals durch das Unternehmen oder durch gesetzliche Regelungen vorgegeben, insbesondere bei diesem Themenkomplex spiegelt sich eine Handlungsunfähigkeit aufgrund fehlender Entscheidungsspielräume wider. Ein zu hohes

Maß an Fremdbestimmung wirkt sich negativ auf Motivation, Arbeitszufriedenheit und Engagement sowie Effizienz und Methodenkompetenz der Mitarbeiter aus. Als Reaktion darauf versuchen viele Führungskräfte, innerhalb ihrer Kompetenzen einen Rahmen für selbstbestimmtes Arbeiten für ihre Mitarbeiter zu schaffen. Im Sinne eines systemtheoretischen Führungsverständnisses ist das Ermöglichen und Fördern von selbstbestimmtem Arbeiten nötig. Zur Erreichung des Systemziels müssen die Mitarbeiter ihre Arbeitsabläufe selbstständig steuern und Prozesse sowie Schnittstellen zu anderen Teammitgliedern fortlaufend optimieren können.

Die Thematik Konkurrenz zwischen den Mitarbeitern stellt sich als ein wichtiges Handlungsfeld der Führungspraxis heraus. Zwar geht aus den Studienergebnissen hervor, dass Konkurrenz zwischen den Mitarbeitern oftmals kritisch hinterfragt wird und die Risiken durch zu starke Konkurrenzanreize innerhalb des Teams bekannt sind. Dennoch stellt die bewusste Förderung Konkurrenz innerhalb des Teams noch immer eine weit verbreitete Form des Motivationsanreizes dar. Das einheitliche Streben aller Mitglieder nach dem Systemziel sowie die hierzu notwendige optimale und flexible Verteilung der verfügbaren Ressourcen wird durch Konkurrenzdenken stark beeinträchtigt. Die bewusste Förderung von Konkurrenz innerhalb des Teams wirkt sich negativ auf die notwendige Integration und Identifikation der Mitglieder mit dem System aus. Die durch starkes Konkurrenzdenken eventuell generierte Verbesserung von Einzelleistungen kann die damit einhergehende Verringerung der Gesamtleistung des Mikrosystems nicht aufwiegen.

Eine konsequente Zielorientierung bildet die Grundlage für die systemtheoretisch orientierte Führung, das gemeinsame Systemziel bildet die oberste anzustrebende Maxime des Mikrosystems. Allerdings stellt sich heraus, dass weniger als die Hälfte der befragten Führungskräfte ihr Führungsverhalten klar zielorientiert ausrichten. Meist werden Verfahrens- und Zielorientierung miteinander vermengt. In vielen Fällen ist eine Zielorientierung seitens der Führungskräfte zwar gewollt, für sie jedoch aufgrund äußerer Restriktionen nicht umsetzbar. Auch fehlt es oft an der Basis für eine funktionierende Zielorientierung, die gewisse Kompetenzen in Bezug auf Zielorientierung sowohl auf Seiten der Mitarbeiter, als auch auf Seiten der Führungskraft voraussetzt. Somit lässt sich eine weitere Aufgabe der Führungskraft definieren: Sie muss die Kompetenzen ihrer Mitarbeiter fördern, sodass diese in der Lage sind, die Zielsetzung anzunehmen und ihr Handeln systematisch zum Erfolg des Systemziels auszurichten. Grundvoraussetzung hierzu ist, dass die Führungskraft selbst zielorientiert arbeitet und die entsprechenden Kompetenzen besitzt. Diese Thematik zeigt ein wichtiges Handlungsfeld in der Führungspraxis auf.

Aus einigen Bereichen geht daher ein großer Handlungsbedarf hervor. Zur Etablierung eines ganzheitlichen, systemtheoretischen Führungsverständnisses in der Praxis ist es noch ein weiter Weg. Gleichzeitig offenbaren sich eben diese Bereiche den befragten Führungskräften zufolge als enorm herausfordernd, sodass sich von Seiten der Führungspraxis hier ein großes Potential und Interesse an einem Paradigmenwechsel in Richtung synergetische Führung ergibt.

1. Einleitung

„Führung ist ein Hebel für den Erfolg von Unternehmen"[1] – ein Statement von entscheidender Bedeutung aus der Pressemitteilung des Gallup Engagement Index 2014 Deutschland durch Marco Nink, Senior Practice Consultant des Beratungsunternehmens Gallup Deutschland. Die Kernaussage der renommierten Studie zur emotionalen Mitarbeiterbindung ist eindeutig: die emotionale Bindung erhöht Motivation und Engagement der Mitarbeiter, spart Kosten und vermindert die psychischen und physischen Belastungen der Belegschaft. Die emotionale Bindung von Mitarbeitern ist ein wichtiger Faktor für Unternehmen, der zu einem großen Teil vom Führungsverhalten der direkten Führungskraft abhängt[2].

Gute Führung ist demnach ein wichtiger Erfolgsfaktor, der insbesondere im Hinblick auf die rasanten Entwicklungen der globalisierten Wirtschaft sowie auf den unabwendbaren Wertewandel der Arbeitnehmerklientel[3] noch mehr an Bedeutung gewinnt. Dem Wandel der Arbeitswelt kann sich das Thema Führung nicht entziehen, auch die Anforderungen an Führungskräfte unterliegen daher tiefgreifenden Veränderungen, denen es gerecht zu werden gilt[4].

Aus diesen Gründen ist eine rege Entwicklung der Führungsforschung unabdingbar, es bedarf neuer Ansätze und Perspektiven, um den Herausforderungen der Gegenwart sowie denen der Zukunft begegnen zu können. Einen solchen Ansatz stellt das Konzept der synergetischen Führung dar, welche den Führungsbegriff in einen systemtheoretischen Kontext implementiert und durch diesen Perspektivenwechsel ein neues Verständnis von Führung schafft[5].

Diese Arbeit greift den Ansatz des systemtheoretischen Führungsverständnisses auf und wagt mit dieser Grundlage den Sprung in die Führungspraxis. Sie erforscht im Rahmen einer qualitativen Studie, welche Herausforderungen aus systemtheoretischer Sicht im Alltag von Führungskräften präsent sind und mit welchen Bewältigungsstrategien sie diesen begegnen.

---

[1] S. (Gallup Inc, 2015, S. 2) Online: http://www.gallup.com/file/de-de/181862/Pressemitteilung%20zum%20Engagement%20Index%202014.pdf
[2] Vgl. (Gallup Inc, 2015, S. 1 f.) Online: http://www.gallup.com/file/de-de/181862/Pressemitteilung%20zum%20Engagement%20Index%202014.pdf
[3] Vgl. (Athanas & Graf, 2013, S. 15-18)
[4] Vgl. (Graf & Witte, 2012, S. 513)
[5] Vgl. (Athanas & Graf, 2013, S. 513 f.)

Hierzu erfolgt zunächst eine theoretische Fundierung anhand des Konzeptes der synergetischen Führung sowie der im Rahmen der Studie untersuchten Herausforderungen. Außerdem werden Methodik und Vorgehen sowie die Zielsetzung dieser Arbeit dargelegt. Nach einer Vorstellung des Interviewleitfadens erfolgt eine erste Betrachtung der Interviews, indem das Feld der befragten Führungskräfte anhand einiger allgemeiner Kriterien näher beschrieben wird.

Es folgt die Auswertung der Studie, beginnend mit einem kurzen Theorie-Input zur Auswertungsmethode. Zum Einstieg in die Darstellung der Studienergebnisse erfolgt eine Analyse über das Antwortverhalten der Studienteilnehmer bezogen auf die einzelnen Fragenkomplexe. Nachfolgend wird ein ganzheitlicher Überblick über die Untersuchungsergebnisse gegeben, dieser betrachtet Erkenntnisse global über sämtliche Fragefelder hinweg. Der letzte Unterabschnitt befasst sich mit der spezifischen Auswertung zweier besonders relevanter Themenbereiche. Abgeschlossen wird die Arbeit durch eine kurze Zusammenfassung mit persönlichem Fazit.

Aus Gründen der einfacheren Lesbarkeit wird in dieser Arbeit auf eine geschlechtsspezifische Ausdrucksweise verzichtet. Begriffe wie „die Führungskraft" oder „der Mitarbeiter" werden stets für beide Geschlechter analog verwendet. Dies unterliegt in keiner Weise einer persönlichen Wertung, sondern dient vielmehr auch der Gewährleistung eines tiefgehenden Schutzes der Anonymität für die Mitwirkenden der Studie. Selbstverständlich sollen sich ungeachtet dessen stets beide Geschlechter gleichermaßen angesprochen fühlen.

2. Theoretische Fundierung

2.1. Einführung in das Konzept der synergetischen Führung

Das Konzept der synergetischen Führung wurde von Nele Graf und Erich H. Witte begründet und stellt einen neuartigen Beitrag zur Führungsforschung dar, indem es einen Wechsel der wissenschaftlichen Perspektive anstrebt und das Forschungssubjekt Führung in den Kontext der Systemtheorie einbettet[6].

„Systemtheorie ist eine interdisziplinäre Wissenschaft, die eine für alle biologischen, sozialen und mechanischen Systeme geltende formale Theorie zu entwickeln bestrebt ist. [...] Die Systemtheorie ermöglicht, die Dynamik der betriebswirtschaftlichen Organisationssysteme [...] ganz in den Blickpunkt zu rücken und sich auf das Kriterium der Flexibilität auszurichten [...]"[7]

Die Einbeziehung der Systemtheorie bewirkt somit ein Abrücken von der klassischen Betrachtung der dyadischen Führungsbeziehungen zwischen der Führungskraft und ihren Mitarbeitern[8] und ermöglicht eine Ausweitung der Perspektive auf das Gesamtsystem. Hierdurch kann gewissermaßen der Kontext dargestellt werden, in dem Führung stattfindet und durch welchen sie maßgeblich beeinflusst wird. Synergetische Führung basiert auf einer ganzheitlichen, umfassenden Sicht des Führungsumfeldes. Sie verlässt den festgefahrenen Betrachtungswinkel der rein personenbezogenen Führung und strebt stattdessen eine Steuerung auf der Ebene der Arbeitsgruppe (des Mikrosystems) an. Grundannahme im Sinne der Systemtheorie ist hierbei, dass es faktisch nicht möglich ist, personenbezogene Einzelprozesse isoliert zu betrachten und auf dieser Basis zu steuern. Da jeder noch so kleinteilige Prozess den Gesamtprozess beeinflusst, ist stets der Bezug zum gesamten Mikrosystem notwendig.[9]

Das Konzept der synergetischen Führung baut auf sechs Systemfunktionen auf, die in der hier angewandten Systemtheorie als eine Art evolutionärer Prozess der Entwicklung und Weiterentwicklung eines handlungsfähigen, funktionierenden Systems zu

---

[6] Vgl. (Graf & Witte, 2012, S. 516)

[7] S. (Verlag Springer Gabler, Stichwort: Systemtheorie, Gabler Wirtschaftlexikon) Online: http://wirtschaftslexikon.gabler.de/Archiv/54955/systemtheorie-v8.html

[8] Vgl. (Graf & Witte, 2013, S. 295)

[9] Vgl. (Graf & Witte, 2012, S. 514 f.)

Grunde liegen.[10] Thematisch auf das Thema Führung ausgerichtet ergeben sich somit sechs Funktionen der Führung[11], welche im Folgenden näher beleuchtet werden sollen.

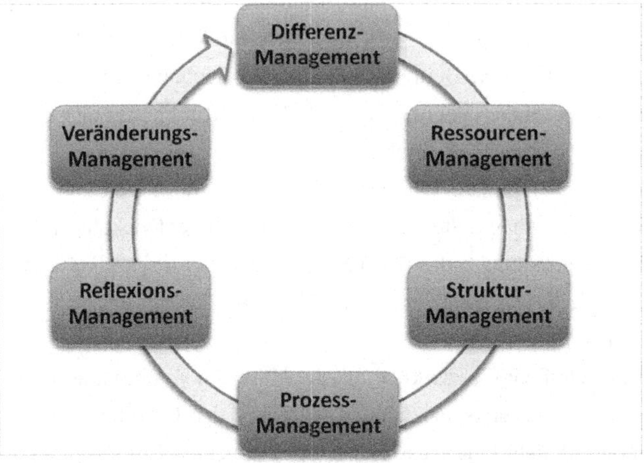

Abbildung 1: Die sechs Funktionen synergetischer Führung
(Eigene Darstellung in Anlehnung an Graf & Witte[12])

1. Differenz-Management

Das Differenz-Management beschreibt zwei wichtige Führungsaufgaben in Bezug auf die Grenzbildung[13] und Zielsetzung des Mikrosystems.

Die Mitarbeiter müssen sich dem Mikrosystem zugehörig fühlen und sich mit diesem identifizieren können. Hierzu bedarf es der Wahrnehmung der ersten wichtigen Führungsaufgabe durch Förderung der Identifikation der Mitarbeiter mit dem Mikrosystem. Grundlage dessen ist eine klare Abgrenzung des Mikrosystems von seiner Umgebung[14].

Diese Grenzbildung nimmt eine Doppelstellung ein, da nicht nur die Grenze zur Außenumgebung des Mikrosystems mit seinen übergeordneten Systemen gefunden werden muss. Darüber hinaus ist auch die Abgrenzung zu individuellen Lebensumständen

---

[10] Vgl. (Willke, 2006, S. 79-82)
[11] Vgl. (Graf & Witte, 2012, S. 518)
[12] Vgl. (Graf & Witte, 2012, S. 519)
[13] Vgl. (Willke, 2006, S. 81)
[14] Vgl. (Graf & Witte, 2012, S. 519)

der Mitarbeiter wichtig. Es muss somit definiert werden, welche persönlichen Anteile die Mitarbeiter in das Mikrosystem einfließen lassen und wo die Grenzen zu ziehen sind.[15]

Das nachfolgende Zitat verdeutlicht die enorme Relevanz eines guten Differenz-Managements durch die Führungskraft:

„Die gemanagte Vereinbarkeit von der Systemrolle und der „privaten" Person ist elementar um Motivation zu erzeugen, eine Work-Life-Balance zu ermöglichen und Phänomenen wie Burn-Out vorzubeugen."[16]

Die zweite grundlegende Führungsaufgabe des Differenz-Managements befasst sich mit der Ausrichtung des Mikrosystems nach seinem Systemziel. Es ist unabdingbar, dass die Mitglieder des Mikrosystems nach dessen Ziel streben. Die Führungskraft muss diesbezüglich dafür sorgen, dass das gemeinsame Ziel klar definiert und allen Mitarbeitern bekannt ist. Jedes Mitglied des Mikrosystems muss sich in der gemeinsamen Zielsetzung wiederfinden können und seine Tätigkeiten auf dessen Erreichung ausrichten[17].

2. Ressourcen-Management

Die zweite Funktion der synergetischen Führung beschreibt die Notwendigkeit, für die Verfolgung des Systemziels fortlaufend die nötigen Ressourcen zu beschaffen und diese optimal zu verteilen. Hinderlich ist hierbei das weit verbreitete Besitzdenken, dass eine flexible und fortlaufend Umverteilung der vorhandenen Ressourcen blockiert, es kommt schnell zu Ungerechtigkeitsgefühlen und Streit um die Inbesitznahme oder den Erhalt von Ressourcen[18].

Der Idealzustand dagegen stellt eine Teamsituation dar, in der keine Ungerechtigkeitsgefühle bezüglich ihrer Ressourcen bestehen. Die Mitglieder des Mikrosystems sind von der fairen und angemessenen Verteilung der Ressourcen überzeugt und deren Verteilung kann auf dieser Basis flexibel und effizient erfolgen[19].

„Dabei sind mit Ressourcen sowohl Mitarbeiterkapazitäten als auch finanzielle und materielle Mittel aber auch Informationen und Aufmerksamkeit […] gemeint."[20]

---

[15] Vgl. (Graf & Witte, 2012, S. 519 f.)
[16] S. (Graf & Witte, 2013, S. 297)
[17] Vgl. (Graf & Witte, 2012, S. 521)
[18] Vgl. (Graf & Witte, 2012, S. 521)
[19] Vgl. (Graf & Witte, 2012, S. 521 f.)
[20] S. (Graf & Witte, 2013, S. 298)

Der Ressourcen-Begriff ist somit nicht nur auf „klassische“ Güter begrenzt, sondern umfasst weitere wichtige Komponenten, die für die Erreichung des Systemziels relevant sind.

3. Struktur-Management

Im Rahmen der Funktion des Struktur-Managements fällt der Führungskraft die Aufgabe zu, die interne Systemstruktur optimal zu gestalten. Zum einen bedarf es hierfür einer Aufgabenstrukturierung im Hinblick auf die Erreichung des Leistungsziels des Mikrosystems. Zum anderen müssen die Systemrollen im Team verteilt werden, um eine gute Teambasis zu erreichen und somit dem Beziehungsziel gerecht zu werden. Die gute Teambasis ist für die effiziente Aufgabenbewältigung und die dazu unabdingbare Kommunikation und Abstimmung innerhalb des Mikrosystems wichtig[21].
Beide Verteilungen sollten ausgerichtet nach den Kompetenzen der Mitarbeiter erfolgen, um hier wiederrum die vorhandenen Ressourcen des Teams optimal auszunutzen und mit höchstmöglicher Effizienz auf das Systemziel hinzuarbeiten. Die Strukturierung ist hierbei als immer wiederkehrende Aufgabe der Führung zu betrachten[22].

4. Prozess-Management

Die vierte Funktion der synergetischen Führung beschreibt die Notwendigkeit einer Koordination und Steuerung der systeminternen Prozesse. Dies resultiert aus den komplexen Zusammenhängen zwischen den einzelnen Arbeitsabläufen des Mikrosystems[23].

Neben der Entwicklung von standardisierten Prozessen zur Arbeitserleichterung in Routinesituationen muss die Führungskraft vor allem die Prozess-Kompetenzen ihrer Mitarbeiter fördern. Diese müssen dazu befähigt sein, ihre eigenen Prozesse nach ihren Bedürfnissen zu modifizieren und diese im Hinblick auf die effiziente Erreichung des Systemziels selbstständig zu optimieren. Des Weiteren ist es Aufgabe der Führungskraft, ihre Mitarbeiter dabei zu unterstützen, Zusammenhänge und Schnittstellen des Gesamtprozesses zu erkennen sowie deren selbstständige Abstimmungsarbeit im Team zu fördern[24].

---

[21] Vgl. (Graf & Witte, 2012, S. 522)
[22] Vgl. (Graf & Witte, 2012, S. 523)
[23] Vgl. (Graf & Witte, 2012, S. 523)
[24] Vgl. (Graf & Witte, 2012, S. 523 f.)

5. Reflexions-Management

„Ein System ist nur solange überlebensfähig bzw. effizient, wie es in der Lage ist sich selbst zu steuern. […] Diese Selbststeuerung setzt allerdings eine Diagnose der eigenen Funktionalität voraus.“[25]

Aus dieser Anforderung folgt die Notwendigkeit des Reflexions-Managements. Die Führung muss alle Mitglieder des Mikrosystems zur Erstellung einer solchen Diagnose anregen und einen entsprechenden Rahmen dafür schaffen. Auch hierbei handelt es sich um eine fortlaufende Aufgabe. Auf Basis der gemeinsam erarbeiteten Diagnoseergebnisse müssen im zweiten Schritt entsprechende Konsequenzen abgeleitet und diese wiederum im darauffolgenden Schritt umgesetzt werden. Besondere Relevanz kommt hierbei dem Motivationseffekt auf die Mitarbeiter durch die Reflexion von positiven Aspekten und Erfolgen zu. Im Rahmen dieser Funktion werden die Mitarbeiter intensiv miteinbezogen und können auf diese Weise Teilhabe vermittelt bekommen[26].

6. Entwicklungs-Management

Das Entwicklungs-Management beschreibt die aus dem grundsätzlichen Zweck des Selbsterhalts entstehende Anforderung, bei Überlastung des Mikrosystems aus sich selbst heraus bewusst ein neues System zu entwickeln. Durch diese Anpassung an die aktuellen Gegebenheiten und Einflüsse ist eine effiziente Zielverfolgung des Mikrosystems weiterhin möglich[27].

Hierdurch kann sich das Mikrosystem entlasten und neue Aufgaben können gezielt aufgefangen werden. Indem dahingehende Reformen aus dem Ursprungssystem heraus initiiert werden, entsteht hierbei kein Ressourcenkonflikt. Es ist eine Form des Differenz-Managements, bei Überlastung des Mikrosystems rechtzeitig zu reagieren und sich nach außen hin zu differenzieren[28].

Durch eine langfristig ausgelegte, situationsgerechte und ganzheitliche Berücksichtigung der sechs Funktionen kann sich das Mikrosystem durch diese Steuerung laufend entwickeln und verbessern. So kann es den stetig wachsenden Herausforderungen begegnen und diese meistern[29].

---

[25] S. (Graf & Witte, 2012, S. 524)
[26] Vgl. (Graf & Witte, 2012, S. 524 f.)
[27] Vgl. (Graf & Witte, 2012, S. 525)
[28] Vgl. (Graf & Witte, 2012, S. 525)
[29] Vgl. (Graf & Witte, 2012, S. 525-528)

2.2. Methodik, Vorgehen und Zielsetzung

2.2.1. Zielsetzung der Arbeit

Ziel dieser Arbeit ist die Untersuchung, mit welchen Herausforderungen aus systemtheoretischer Sicht Führungskräfte konfrontiert werden und wie sie mit diesen umgehen. Dies erfolgt durch die Durchführung einer qualitativen Studie. Ausgehend von aktuellen Entwicklungen der Führungsforschung bezogen auf systemtheoretische Führungskonzepte soll ein entsprechender Praxisbezug hergestellt werden. Konkret wird hierzu das Konzept der synergetischen Führung nach Nele Graf und Erich H. Witte herangezogen[30].

Im Rahmen der vorliegenden Studie sollen zusammenfassend Antworten auf zwei Forschungsfragen gefunden werden:
Mit welchen Herausforderungen aus systemtheoretischer Sicht sind Führungskräfte in ihrem Führungsalltag konfrontiert?
Welche Strategien wenden sie zur Bewältigung dieser Herausforderungen an?

Als Zielgruppe der Studie im Sinne der Fallauswahl[31] sind Führungskräfte der unteren Führungsebene[32] definiert, die zwischen drei und 15 Mitarbeiter direkt führen.
Zur Erforschung der Fragestellungen werden die Studienteilnehmer anhand einer Zusammenstellung von theoriegeleitet ausgewählten Problemfeldern der Führung zu ihrer Erfahrung mit Herausforderungen im Führungsalltag befragt. So soll untersucht werden, welche Herausforderungen aus systemtheoretischer Sicht besonders präsent erlebt werden. Der zweite Forschungsaspekt der Studie befasst sich mit dem Umgang der Führungskräfte mit diesen Herausforderungen. Es wird untersucht, wie die Führungskräfte auf das Auftreten der verschiedenen Herausforderungen reagieren und auf welche Weise sie diese bewältigen konnten, beziehungsweise versucht haben, eine Lösung herbeizuführen.

---

[30] Vgl. (Graf & Witte, 2012, S. 516-519)
[31] Vgl. (Merkens, 2013, S. 287 f.)
[32] Vgl. (Verlag Springer Gabler, Gabler Wirtschaftslexikon) Online: http://wirtschaftslexikon.gabler.de/Archiv/85661/lower-management-v8.html

Die Ergebnisse der Studie werden im Kontext des Konzeptes der synergetischen Führung dargestellt und interpretiert. Somit lassen sich Handlungsfelder in der Führungspraxis aufdecken, in denen aus Sicht der systemtheoretischen Führung Weiterentwicklung nötig ist.

2.2.2. Erhebungsmethode & Aufbereitung der Daten

Das Problemzentrierte Interview als Erhebungsverfahren

Für die vorliegende Studie wird das Forschungsmaterial durch eine Datenerhebung eigens geschaffen, als grundlegende Erhebungsform wird eine Befragung durch qualitative Einzelinterviews festgelegt[33]. Aufgrund des sehr inhaltsbezogenen Forschungsinteresses, welches sich konkret auf Erfahrungswerte von Führungskräften bezieht, wird als konkretes Erhebungsverfahren das problemzentrierte Interview gewählt.

Hierbei handelt es sich um ein qualitatives Erhebungsverfahren, welches sich durch seine Offenheit in Bezug auf den Freiheitsgrad des Befragten auszeichnet. Dieser kann im Interview frei antworten, ohne sich auf die Auswahl von Antwortvorgaben beschränken zu müssen. Um der Problemzentrierung, also der Konzentration auf einen bestimmten Forschungsaspekt, gerecht zu werden, ist das Erhebungsverfahren halbstrukturiert. Der Interviewer orientiert sich an einem im Voraus konzipierten Interviewleitfaden[34]. Die Konzeptionierung dieses Leitfadens wird im Unterabschnitt 3.1. detaillierter behandelt.

Die Eignung des problemzentrierten Interviews für das Forschungsinteresse der Studie wird durch die relativ eng gefassten, spezifischen Fragestellungen unterstrichen, die auf Basis einer theoriegeleiteten Problemstellung entwickelt wurden[35].

Durch die Anlehnung der Fragestellungen an das Konzept der synergetischen Führung sowie die theoriegeleitete Ableitung der untersuchten Herausforderungen ist bereits viel über den Forschungsgegenstand bekannt, sodass an diesem problemzentriert angesetzt werden kann.

Durch die Teilstandardisierung mittels Leitfadens wird eine gute Vergleichbarkeit der einzelnen Interviews erreicht[36].

---

33 Vgl. (Przyborski & Wohlrab-Sahr, 2014, S. 8 f.)

34 Vgl. (Mayring, 2002, S. 66 f.)

35 Vgl. (Mayring, 2002, S. 70 f.)

36 Vgl. (Mayring, 2002, S. 70)

Die Critical Incident Technique

Einen weiteren Einflussfaktor des Studiendesigns stellt die Verwendung der Critical Incident Technique (CIT) zur Analyse von Verhaltensanforderungen dar. Bei der CIT handelt es sich um eine Methode der Anforderungsanalyse, welche während des zweiten Weltkrieges von John Flanagan begründet wurde[37].

Ziel der CIT ist es, Erkenntnisse über erfolgskritische Verhaltensweisen zu gewinnen. Durch sie können Aussagen getroffen werden, welches Verhalten in einer bestimmten schwierigen Situation zur Zielerreichung erfolgsentscheidend, also entweder besonders förderlich oder hinderlich ist[38]. Insbesondere im Hinblick auf die zweite Forschungsfrage der vorliegenden Studie ist die Anwendung der CIT relevant, da hierdurch die Bewältigungsstrategien in ihrem jeweiligen Situationskontext untersucht werden können, mit denen die Führungskräfte den Herausforderungen begegnen.

Nachfolgend werden die fünf Schritte der CIT[39] in Kürze dargestellt und auf die vorliegende Studie bezogen:

1. Zielbestimmung

Um im Anschluss die Zielerreichung eines Verhaltens bewerten zu können, muss im Vorfeld das eigentliche Ziel definiert werden[40]. Im Falle der vorliegenden Studie kann das Ziel als die erfolgreiche Bewältigung der jeweiligen Herausforderung formuliert werden.

2. Planung der Datenerhebung

Die Erfassung des kritischen Verhaltens muss nun in die Datenerhebung implementiert werden, sodass dies bei der Erhebung abgefragt werden kann[41]. Für die vorliegende Studie erfolgt dies durch die weiterführenden Fragen im Interviewleitfaden, die auf die CIT abgestimmt sind (siehe Abschnitt 3.1.).

---

[37] Vgl. (Becker, 2011, S. 48 f.)
[38] Vgl. (Becker, 2011, S. 50)
[39] Vgl. (Becker, 2011, S. 51 f.)
[40] Vgl. (Becker, 2011, S. 51 f.)
[41] Vgl. (Becker, 2011, S. 51 f.)

3. Datenerhebung

Bei der eigentlichen Datenerhebung muss eine detaillierte Beschreibung der Beteiligten, der Umstände sowie Bedingungen der problematischen Situationen erfolgen, sodass umfassende Angaben zum Situationskontext der kritischen Verhaltensweisen vorliegen[42]. Auf Grundlage des Leitfadens mit den spezifischen Fragen zur CIT soll der Interviewte zu möglichst detaillierten Beschreibungen angeregt werden.

4. Datenauswertung

Nun erfolgt eine Analyse des Datenmaterials im Hinblick auf die kritischen Verhaltensweisen unter Berücksichtigung ihres Situationskontextes. Es wird bewertet, welche Verhaltensweisen besonders förderlich oder hinderlich für die Zielerreichung sind[43].

5. Interpretation der Daten

Die Interpretation dieser Erkenntnisse kann neben der Beschreibung der kritischen Verhaltensweisen auch der Ableitung von Konsequenzen aus einem Verhalten dienen. Des Weiteren kann unter anderem bewertet werden, ob es Handlungsalternativen gibt[44].

Organisation und Datenaufbereitung

Als ungefähre Dauer der Interviews wurden im Vorfeld ein bis zwei Stunden veranschlagt. Das Interview wurde örtlich vorwiegend nach den individuellen Wünschen der Studienteilnehmer in ruhigen, ungestörten Räumlichkeiten durchgeführt, zumeist am Arbeitsplatz der befragten Führungskräfte. Für die spätere schriftliche Aufbereitung wurden die Interviews auditiv aufgezeichnet. Dies erfordert stets einen expliziten Hinweis vor Beginn des Interviews sowie der Einwilligung des Interviewten. Bei Verweigerung der Zustimmung wäre auf eine direkte Mitschrift zurückgegriffen worden. Im Rahmen der Datenerhebung hat sich dies jedoch zu keinem Zeitpunkt als Problem dargestellt, alle Studienteilnehmer haben einer auditiven Aufnahme zugestimmt.

---

[42] Vgl. (Becker, 2011, S. 51 f.)
[43] Vgl. (Becker, 2011, S. 51 f.)
[44] Vgl. (Becker, 2011, S. 51 f.)

Die Aufbereitung des erhobenen Datenmaterials erfolgte durch die Erstellung eines inhaltlichen Protokolls, welches sich aufgrund der gegebenen Problemzentrierung auf die forschungsrelevanten Faktoren fokussiert. Das Forschungsinteresse bezieht sich auf inhaltliche und thematische Aspekte des Datenmaterials, sodass die Eignung dieses Verfahrens der Datenaufbereitung gegeben ist[45].

Durch die Erstellung eines zusammenfassenden Protokolls kann bereits während der Materialaufbereitung das Datenvolumen reduziert werden und die Auswertung erfolgt auf Basis eines verdichteten, auf das Forschungsinteresse konzentrierten Datenmaterials[46].

Vor der detaillierteren Auswertung vermitteln WordClouds einen Überblick über das Antwortverhalten der Studienteilnehmer. WordClouds visualisieren die Häufigkeit der Verwendung bestimmter Schlüsselwörter innerhalb eines Textes. Dadurch entsteht auf anschauliche Weise ein erster visueller Eindruck der Ergebnisse. Die Erstellung der WordClouds erfolgte unter Verwendung des Online-Tools Wordle (www.wordle.net).Im Fall der vorliegenden Studie besteht dieser Text jeweils aus sämtliche Antworten zu einem Fragekomplex abzüglich der Begriffe „Führungskraft" und „Mitarbeiter" sowie deren grammatikalische Abwandlungen. Das Programm unterdrückt darüber hinaus gängige deutsche Worte, wie „und" oder „z.B.", um die inhaltliche Aussagekraft der WordCloud zu erhöhen. Die WordClouds bilden die 100 am häufigsten genannten Schlüsselwörter des jeweiligen Fragekomplexes ab.

---

45 Vgl. (Mayring, 2002, S. 97)
46 Vgl. (Mayring, 2002, S. 94)

2.3. Die untersuchten Herausforderungen

Gemäß der Zielsetzung dieser Arbeit wurden ausgehend von der Führungsforschung Problemfelder der Führung recherchiert und ausgewählt, auf deren Basis der Interviewleitfaden konzipiert ist und Herausforderungen aus systemtheoretischer Sicht abfragt werden können.

Oswald Neuberger geht davon aus, dass Führungskräfte ganz grundsätzlich und automatisch mit gewissen Widersprüchlichkeiten konfrontiert werden, für die es keinen eindeutigen, pauschalen Lösungsweg gibt[47]. Hieraus ergeben sich 13 Dilemmata[48], aus denen für diese Arbeit fünf ausgewählt wurden. Kriterium war hierbei die Abschätzung der Relevanz hinsichtlich ihres systemtheoretischen Kontextes. Diese Auswahl soll im Folgenden dargestellt werden.

Gleichbehandlung – Eingehen auf den Einzelfall

Dieses Führungsdilemma betrachtet die Entscheidungsgrundsätze der Führungskraft in Bezug auf ihre Mitarbeiter. Den ersten Pol bildet ein individuelles Vorgehen der Führungskraft mit viel Verständnis und Gewichtung auf den Einzelfall. Hierzu gehört auch eine persönliche Führungsbeziehung. Demgegenüber steht ein stark versachlichtes Führungsverhältnis, in dem klare, allgemein gültige Regeln im Sinne der absoluten Gerechtigkeit und Gleichbehandlung zum Einsatz kommen[49].

Eine absolute Gleichbehandlung verletzt die individuellen Bedürfnisse der Mitarbeiter, während eine zu stark ausgeprägte Individualbehandlung wiederum schnell Unmut und Vorwürfe der übrigen Mitarbeiter auslöst. Hierbei wirft Neuberger genau die Frage auf, mit der sich Führungskräfte auch im Rahmen der ersten Funktion der synergetischen Führung maßgeblich auseinandersetzen müssen:

Inwieweit ist in der Arbeitsumgebung der „ganze Mensch" gefragt?[50] – Welche Abgrenzung zur privaten Innenumwelt der Mitarbeiter soll im Rahmen des Differenz-Managements für das Mikrosystem definiert werden?[51]

Daher ist dieses Dilemma für das Forschungsziel dieser Arbeit außerordentlich relevant.

---

[47] Vgl. (Neuberger, 2002, S. 341)
[48] Vgl. (Neuberger, 2002, S. 341 f.)
[49] Vgl. (Neuberger, 2002, S. 342 f.)
[50] Vgl. (Neuberger, 2002, S. 343)
[51] Vgl. (Graf & Witte, 2012, S. 520)

Fremdbestimmung - Selbstbestimmung

Die Führungskraft muss durch Regelwerke und Beschränkungen die Aufgabenerledigung sicherstellen und koordinieren. Vollständige Handlungsautonomie ist nach gängiger Auffassung in den meisten Unternehmen nicht umsetzbar. Zu ausgeprägte Fremdbestimmung durch allzu kleinteilige und umfassende Vorschriften allerdings schafft Abhängigkeit und Unmündigkeit der Mitarbeiter. Sie verhindert selbstständiges Denken, reduziert Motivation und Leistungspotentiale[52].

Dieses Dilemma ist im Kontext der synergetischen Führung insbesondere im Hinblick auf das notwendige prozessuale Denken der Mitarbeiter in der Funktion des Prozess-Managements[53] relevant.

Bewahrung – Veränderung

Im dynamischen Marktumfeld sind Unternehmen beinahe ständig einem Wandlungsbedarf ausgesetzt. Flexibilität und Anpassungsfähigkeit sind Grundvoraussetzung, um die eigene Existenz sichern zu können. Dementgegen steht die Bewahrung des Bewährten, durch welche sich Vertrauen, Sicherheit und Lerneffekte der Mitarbeiter ergeben.[54]

Veränderung und Entwicklung zum Zwecke des Selbsterhalts des Mikrosystems ist eine grundlegende Anforderung des Entwicklungs-Managements, der sechsten Funktion der synergetischen Führung[55].

Dies rechtfertigt die Relevanz des Dilemmas für die vorliegende Arbeit.

Konkurrenz - Kooperation

Im direkten Wettbewerb werden die Mitarbeiter zu hohen Leistungen motiviert, Konflikte können in Bezug auf Veränderung und Problembewältigung sehr wertvoll sein. Dagegen schafft Kooperation wichtige Werte wie Hilfsbereitschaft, Solidarität und eine gute Teambasis[56]. Dieses Thema findet zentrale Berücksichtigung in der synergetischen Führung, wenn es um die Verteilung der vorhandenen Ressourcen des Mikrosystems geht. Ansatzpunkt hierbei ist es, Konkurrenzkämpfe zu entkräften und zu

---

52 Vgl. (Neuberger, 2002, S. 344)
53 Vgl. (Graf & Witte, 2012, S. 523)
54 Vgl. (Neuberger, 2002, S. 345)
55 Vgl. (Graf & Witte, 2012, S. 525)
56 Vgl. (Neuberger, 2002, S. 345)

vermeiden, um eine effiziente, bedarfsgerechte und harmonische Verteilung der Ressourcen zu erreichen[57].

Aufgrund dieses Standpunktes ist auch dieses Dilemma für eine systemtheoretische Betrachtungsweise äußerst wertvoll.

Zielorientierung - Verfahrensorientierung

Dieses Dilemma bestimmt die Weise der Kontrolle durch die Führungskraft. Im Rahmen einer Zielorientierung werden den Mitarbeitern Ziele vorgegeben, deren Erreichung sie selbstständig koordinieren müssen und es erfolgt eine Kontrolle der Resultate. Dies ermöglicht große Eigenständigkeit und Freiheit der Mitarbeiter. Es bedarf hierzu allerdings der Kompetenz der Mitarbeiter, mit Zielvorgaben umgehen zu können. Im Gegensatz dazu beschreibt die Verfahrensorientierung konkret das anzuwendende Verfahren, welches zur Zielerreichung zu durchlaufen ist. Die Kontrolle erfolgt bezogen auf die Einhaltung dieses Verfahrens. Hierdurch kann zwar verstärkt Fokus auf eine umfassende Verfahrensoptimierung gelegt werden, allerdings wird die Selbstständigkeit der Mitarbeiter eingeschränkt[58].

Da die synergetische Führung ganz entscheidend auf der Zielorientierung basiert[59], ist auch dieses Dilemma für die Untersuchung im systemtheoretischen Kontext sehr aufschlussreich.

---

[57] Vgl. (Graf & Witte, 2012, S. 521 f.)
[58] Vgl. (Neuberger, 2002, S. 346)
[59] Vgl. (Graf & Witte, 2012, S. 521)

3. Die Interviews

3.1. Vorstellung des Interviewleitfadens

Als Basis des teilstandardisierten Interviews (s. Unterabschnitt 2.2.2.) dient der im Vorhinein konzipierte Interviewleitfaden. Die Durchführung von Leitfadeninterviews eignet sich aufgrund der thematischen Fokussierung durch den Einsatz des Leitfadens vorwiegend für spezifische Fragestellungen, die auf inhaltliche Beschreibungen oder Argumentationen abzielen[60]. Das Forschungsinteresse der vorliegenden Arbeit entspricht dieser Zielsetzung, sodass das leitfadengestützte Interview eine geeignete Erhebungsmethode darstellt. Der für diese Arbeit konzipierte Interviewleitfaden (siehe Anhang 1) wird nun im Folgenden vorgestellt.

Zu Beginn des Interviews wird anhand einer kurzen Einleitung das Forschungsinteresse der Studie dargestellt, außerdem werden einige organisatorische Hinweise für den Ablauf des Interviews gegeben. Der Befragungskopf mit den Grunddaten des Interviews wird ausgefüllt.

Die Konzeption des Leitfadens erfolgt gemäß den allgemeinen Gesprächsführungsprinzipien und richtet sich in der Grundstruktur nach dem Ablaufgrundsatz vom Allgemeinen zum Spezifischen. Durch die Einhaltung dieser Reihenfolge eröffnet sich dem Interviewer die wichtige Möglichkeit, im weiteren Verlauf des Interviews durch die soeben gewonnenen Erkenntnisse bestmöglich auf den Interviewpartner einzugehen[61]. Demzufolge wird der Einstieg in das Interview durch sehr offen gehaltene, narrative Fragen gestaltet. Diese ermöglichen es dem Interviewpartner, seine Perspektive als Ausgangspunkt einzunehmen und diese in den Fokus des Interviews zu stellen. Man spricht hierbei vom Kriterium der Offenheit[62].

Im vorliegenden Interviewleitfaden wird dies durch das Fragedesign der ersten beiden Fragen berücksichtigt.

Die Einstiegsfrage (2.1.) soll demnach inhaltlich an das Thema heranführen und einen guten Einstieg ermöglichen. Um einen Bezug zur Perspektive des Befragten zu erhalten, wird hierbei um eine Selbsteinschätzung des eigenen Führungsverhaltens anhand von fünf Adjektiven sowie um eine Einschätzung bezüglich des eigenen Führungsstils

---

[60] Vgl. (Przyborski & Wohlrab-Sahr, 2014, S. 126 f.)
[61] Vgl. (Przyborski & Wohlrab-Sahr, 2014, S. 127 f.)
[62] Vgl. (Przyborski & Wohlrab-Sahr, 2014, S. 128)

gebeten. Hierdurch wird der Interviewpartner angeregt, sich mit seinem eigenen Standpunkt auseinanderzusetzen und kann dadurch gut in das Gespräch finden.

Die darauf folgende Leitfrage (2.2.) bringt den soeben erwähnten narrativen Anteil in den Interviewleitfaden ein. Die befragte Führungskraft soll Herausforderungen schildern, die sie in letzter Zeit als sehr akut und präsent wahrnimmt. Diese Frage wird vollständig offen gehalten und nur durch Fragen zur Aufrechterhaltung des Redeflusses (2.2.1.) weiter gestützt.

Im nächsten Abschnitt des Fragebogens knüpfen spezifische Nachfragen an den offen gehaltenen Einstiegsteil an. Der Fokus liegt hierbei auf dem Gesprächsverlauf, den für das Forschungsinteresse relevanten Aspekte sowie deren spezifischer Bedeutung[63]. Das Kriterium der Spezifität beschreibt in diesem Kontext die Notwendigkeit, zur Bewertbarkeit der Ergebnisse die subjektive Bedeutung für den Interviewten zu erfassen[64].

Im vorliegenden Fragebogen sind die spezifischen Nachfragen (2.3.) theoriegeleitet aus den fünf, im vorangegangenen Unterabschnitt dargestellten und ausgewählten Führungsdilemmata generiert worden (2.3.1. bis 2.3.5.). Hierzu ist von dem jeweiligen Dilemma eine Hauptfrage sowie eine Gegenfrage formuliert worden, welche beide Seiten des Dilemmas abfragen. Zum Zweck dieser Arbeit wurden die ausgewählten Führungsdilemmata bei der Konzeption des Interviewleitfadens teilweise leicht umformuliert.

Es war ursprünglich angedacht, die Hauptfragen durch weitere, umformulierte Fragen zu ergänzen. Im Verlauf der beiden Testdurchläufe, in denen die Güte des Interviewleitfadens getestet wurde[65], stellte sich heraus, dass für diese Ergänzungsfragen kaum Bedarf besteht. Die Konzeption des Leitfadens ist flexibel genug, um jederzeit auf Nachfragen einzugehen.

Dies stellt im Wesentlichen ein weiteres Gütekriterium eines Leitfadens dar: In der Interviewsituation müssen genug Freiheiten vorhanden sein, um sich individuell auf diese einlassen zu können. Dies gilt auch für die Reihenfolge der Fragen.

Wenn der Befragte von selbst ein relevantes Thema anspricht, ist dieses vorzuziehen. Außerdem muss der Leitfaden ausreichend Raum vorsehen, auf neuartige und sponta-

---

[63] Vgl. (Przyborski & Wohlrab-Sahr, 2014, S. 128)
[64] Vgl. (Merton & Kendall, 1993, S. 186 f.)
[65] Vgl. (Mayring, 2002, S. 69)

ne Aussagen des Befragten einzugehen, die nicht unmittelbar im Fragenkatalog aufgeführt sind[66].

Der Leitfaden darf nicht als fester Ablaufplan oder gar als „Gesetz des Interviews" angesehen werden, sondern stellt lediglich eine Handreichung zur Orientierung dar. Der Umgang mit dem Leitfaden muss flexibel gehandhabt werden, um genug Möglichkeiten für situationsspezifische Anpassungen und Nachfragen zu schaffen[67].
Die spezifischen Nachfragen werden jeweils gestützt von weiterführenden Fragen in Bezug auf die bereits dargestellte „Critical Incident Technique" (CIT). Durch diese weiterführenden Fragen sollen aussagekräftigte Ergebnisse zu den kritischen Verhaltensweisen entstehen. Eine vollständige Auflistung dieser Fragen ist unter der ersten spezifischen Nachfrage (2.3.1.) abgedruckt. Da diese für die einzelnen Dilemmata gleich bleiben, findet sich unter den anderen Dilemma-Fragen lediglich der Verweis auf die vollständige Auflistung unter 2.3.1.
Die weiterführenden Fragen dienen darüber hinaus dem Kriterium der Kontextualität und Relevanz. Sie fragen die Bedingungen und Ursachen der jeweiligen Situation ab und lassen durch das Anregen einer Bewertung aus der Retrospektive Rückschlüsse auf die subjektive Bedeutsamkeit des Aspektes für den Befragten zu[68].

Die Schlussfrage (2.4.) wird ebenfalls offen gehalten und soll nochmals eine Beschreibung von subjektiv als sehr präsent empfundener Herausforderungen anregen. Intention hinter dieser Doppelung mit der Leitfrage (2.2.) ist, dass dem Interviewten durch die intensive Auseinandersetzung mit dem Thema während des Gespräches eventuell noch weitere, wichtige Assoziationen eingefallen sind und so hierfür nochmals Raum geschaffen werden kann. Zur besseren Übersichtlichkeit wird die allgemeine Leitfrage (2.2.) und die Schlussfrage (2.4.) im Verlauf der Protokollerstellung jeweils unter dem Punkt 2.2. zusammengefasst.

Abschließend wird dem Befragten für das Interview gedankt und erfasst, ob seinerseits Interesse an den Ergebnissen der Studie besteht.

---

[66] Vgl. (Przyborski & Wohlrab-Sahr, 2014, S. 130)
[67] Vgl. (Przyborski & Wohlrab-Sahr, 2014, S. 132)
[68] Vgl. (Przyborski & Wohlrab-Sahr, 2014, S. 129)

3.2. Die befragten Führungskräfte

Im folgenden Unterabschnitt soll ein Überblick über die Teilnehmer der Studie anhand der im Interview erfassten Rahmendaten gegebenen werden. Insgesamt wurden für die Studie 23 Führungskräfte aus der unteren Führungsebene[69] befragt. Die Akquise der Teilnehmer erfolgte über persönliche Ansprache von Führungskräften, z.B. in Fort- und Weiterbildungskursen sowie über die Anfrage an Unternehmen.
Es bestand ein reges Interesse an einer Teilnahme an der Studie. Somit konnte eine bewusste, repräsentative Auswahl der Stichprobe vorgenommen werden[70]. Die 23 befragten Führungskräfte stellen die im Rahmen dieser Studie untersuchte Stichprobe dar.

Geschlechterverteilung

Zunächst wird die Geschlechterverteilung der Stichprobe dargestellt.

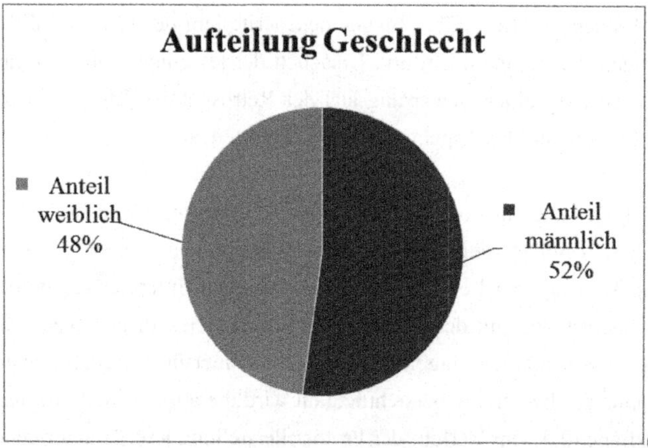

(Eigene Darstellung)

Abbildung 2: Aufteilung Geschlecht

Es besteht nahezu eine gleichmäßige Verteilung von weiblichen und männlichen Führungskräften. Dadurch ist eine objektive Betrachtung möglich, ohne eine einschlägige Fokussierung auf ein Geschlecht vorwegzunehmen.

---

[69] Vgl. (Verlag Springer Gabler, Gabler Wirtschaftslexikon) Online: http://wirtschaftslexikon.gabler.de/Archiv/85661/lower-management-v8.html

[70] Vgl. (Przyborski & Wohlrab-Sahr, 2014, S. 178-179)

Der Anteil der weiblichen Befragten beträgt 48%, der Anteil der männlichen Befragten liegt bei 52%. Zur Verbesserung der Anschaulichkeit sind die Ergebnisse in diesem Abschnitt jeweils auf den vollen Prozentpunkt gerundet.

Branchenverteilung

Als nächstes wird die Branchenzugehörigkeit der befragten Führungskräfte näher beleuchtet.

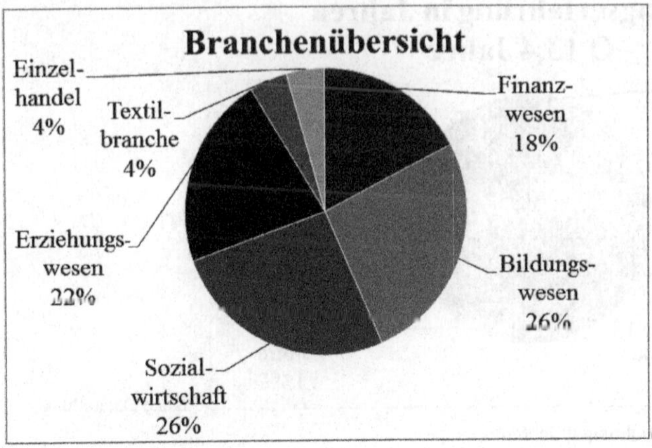

(Eigene Darstellung)

Abbildung 3: Branchenübersicht

Die Betrachtung Branchenverteilung ergibt eine Konzentration auf die Branchen Sozialwirtschaft und Bildungswesen mit jeweils 26% der Teilnehmer. Auch das Erziehungswesen ist mit 22% der befragten Führungskräfte stark vertreten, ebenso das Finanzwesen mit 18%. Der Einzelhandel sowie die Textilbranche sind mit jeweils 4% vertreten, was jeweils einem Teilnehmer entspricht.

Die Branchenverteilung der befragten Führungskräfte stellt zwar nur ein unvollständiges Abbild der weitaus vielseitigeren Branchenlandschaft dar, dies ist vorwiegend bedingt durch die begrenzte Größe der Stichprobe. Allerdings ermöglicht diese Art der Verteilung auch einen detaillierteren Blick in bestimmte Branchenstrukturen, was insbesondere unter Anbetracht des Forschungsinteresses dieser Arbeit aufschlussreich ist. Durch mehrere Teilnehmer aus einer Sektion können Herausforderungen auf ihren Branchenbezug hin eingeschätzt werden. Gleichzeitig ist die Branchenverteilung dennoch facettenreich und vielschichtig genug, da die Teilnehmer aus mehreren unterschiedlichen Berufsgruppen kommen und kein fester Fokus auf einen Bereich gelegt wurde.

Führungserfahrung

Ebenfalls als Rahmeninformation erfasst ist die Führungserfahrung der teilnehmenden Führungskräfte.

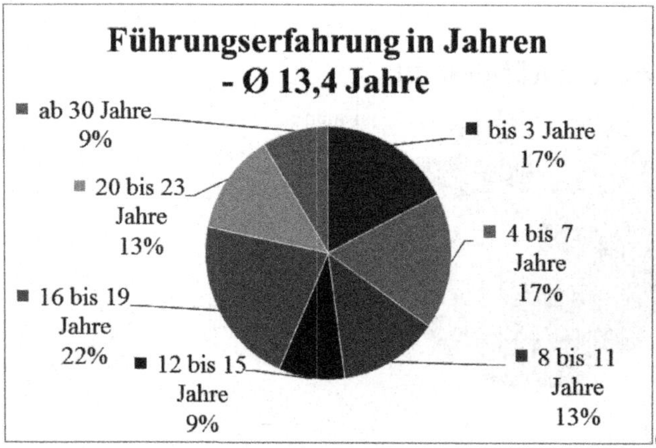

(Eigene Darstellung)

Abbildung 4: Führungserfahrung in Jahren

Jeweils 17% der befragten Führungskräfte verfügen über eine Führungserfahrung von bis zu drei Jahren beziehungsweise von vier bis sieben Jahren. 13% der Teilnehmer haben zwischen 8 und 11 Jahren Führungserfahrung, weitere 22% der Teilnehmer verfügen über 16 bis 19 Jahre Führungserfahrung. Der Anteil der befragten Führungskräfte, die 20 bis 23 Jahre Führungserfahrung vorweisen können, liegt bei 13%. Der Anteil der Führungskräfte, die bereits länger als 30 Jahre führen, beträgt 9%.

Die Führungserfahrung der befragten Führungskräfte liegt demnach im Durchschnitt bei 13,4 Jahren. Dieser Wert ist relativ hoch angesiedelt. Die Studie des Gallup Engagement Index 2014 hat eine durchschnittliche Führungserfahrung von 9,7 Jahren ermittelt[71]. Die vergleichsweise lange Führungserfahrung der Teilnehmer kommt der

[71] Vgl. (Gallup Inc, 2015, S. 1) Online: http://www.gallup.com/file/de-de/181862/Pressemitteilung%20zum%20Engagement%20Index%202014.pdf

Studie insofern zu Gute, da eine Aussage über das Vorhandensein bestimmter Herausforderungen erst mit fortschreitender Führungserfahrung möglich wird. Gänzlich unerfahrene Führungskräfte können hingegen zu vielen Herausforderungen nur bedingt eine Aussage machen, da sie oftmals noch nicht lange genug im Führungsalltag präsent sind, um mit derart kritischen Situationen konfrontiert worden zu sein.

Mitarbeiteranzahl

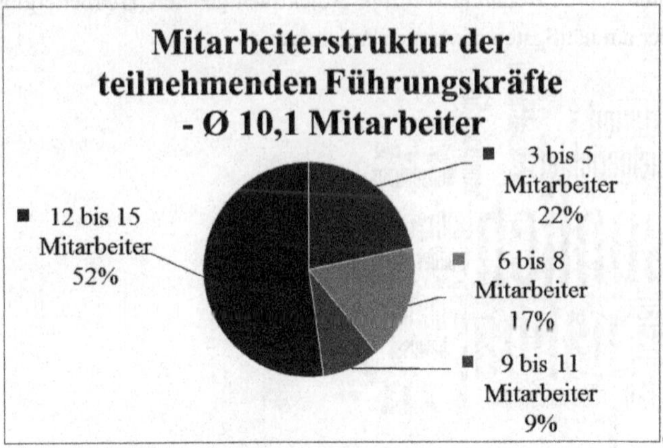

(Eigene Darstellung)

Abbildung 5: Mitarbeiterstruktur

Die Mitarbeiteranzahl wurde in der Konzeption der Studie als Kriterium der Fallauswahl festgelegt[72], zum hierdurch definierten Feld gehören Führungskräfte, denen mindestens drei und maximal 15 Mitarbeiter direkt unterstellt sind.

Der Anteil der befragten Führungskräfte, denen zwischen zwölf und 15 Mitarbeiter direkt unterstellt sind, überwiegt mit 52%. 9% der teilnehmenden Führungskräfte führen zwischen neun und elf Mitarbeiter. 17% der Teilnehmer sind sechs bis acht Mitarbeiter direkt unterstellt und der Anteil der befragten Führungskräfte, die zwischen drei und fünf Mitarbeiter führen, liegt bei 22%.
Im Durchschnitt führen die befragten Führungskräfte somit je 10,1 Mitarbeiter.

[72] Vgl. (Merkens, 2013, S. 287)

Gallup geht bei der Studie zum Engagement Index 2014 davon aus, dass die Mehrheit (52%) der Führungskräfte weniger als zehn Mitarbeiter führt.[73] Somit ist dieses gesetzte Kriterium nicht nur durch Fallauswahl der Studie bedingt, sondern beschreibt mit leicht über zehn Mitarbeitern im Durchschnitt außerdem die Realität recht treffend.

Selbsteinschätzung des Führungsverhaltens

Im Rahmen der Einstiegsfrage wurden die Führungskräfte um eine Selbsteinschätzung ihres Führungsverhaltens durch Nennung von fünf Adjektiven gebeten. Hierbei ergibt sich folgendes Bild der am häufigsten genannten Adjektive:

Abbildung 6: WordCloud Einstiegsfrage
(Eigene Darstellung mittels www.wordle.net)

Die am häufigsten genannten Adjektive sind persönlich, nahbar und wertschätzend. Ebenfalls zahlreich genannt werden die Eigenschaftswörter strukturiert, teilhabend, zielgerichtet, geplant sowie kooperativ, authentisch, empathisch und fair.

Durch diese Häufigkeitsanalyse sind bereits erste allgemeine Aussagen über das Führungsverhalten durch die Selbstwahrnehmung der befragten Führungskräfte möglich.

Es wird viel Wert auf eine persönliche Führung nah an den Mitarbeitern gelegt. Den befragten Führungskräften ist es wichtig, dass die Mitarbeiter mit ihren Anliegen an direkt sie herantreten können. Man sollte empathisch sein sowie Teilhabe und Wert-

[73] Vgl. (Gallup Inc, 2015, S. 1) Online: http://www.gallup.com/file/de-de/181862/Pressemitteilung%20zum%20Engagement%20Index%202014.pdf

schätzung zu vermitteln. Ein großer Teil der teilnehmenden Führungskräfte empfindet das eigene Führungsverhalten als strukturiert und zielgerichtet.

Selbsteinschätzung des Führungsstils

Im Anschluss wurden die teilnehmenden Führungskräfte gebeten, ihren Führungsstil zu beschreiben. Hierbei ergibt sich das folgende Antwortverhalten:

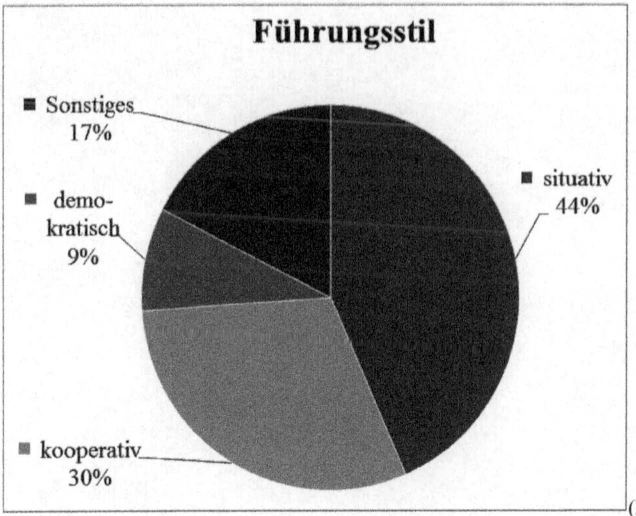

(Eigene Darstellung)

Abbildung 7: Führungsstil

Mit 44% beschreibt der Großteil der befragten Führungskräfte ihren Führungsstil als situativ. 30% führen nach eigenen Angaben kooperativ, 9% sogar demokratisch. Insgesamt 17% der Teilnehmer drücken ihren Führungsstil nicht durch die gängigen Führungsstile aus. Hiervon beschreibt jeweils ein Teilnehmer sein Führungsverhalten als eine „Führung durch Rollen“, „Führung über Erwartungshaltungen“, „Führung durch Hilfe zur Selbsthilfe“ und „Führung durch Vorbild“.

4. Auswertung der Studie

4.1. Vorstellung der Auswertungsmethode

Die Auswertung der vorliegenden Studie erfolgt in Anlehnung an die Methode der qualitativen Inhaltsanalyse nach Phillip Mayring. Diese Methode ermöglicht eine systematische Analyse des Datenmaterials in Textform[74].

Die qualitative Inhaltsanalyse basiert im Allgemeinen auf vier Grundsätzen. Zum einen wird das Datenmaterial stets unter Berücksichtigung seines Kommunikationszusammenhangs betrachtet. Hierbei ist auch von Bedeutung, wer der Urheber (Sender) des Materials ist, unter welchen Bedingungen das Material entstanden ist sowie mit welcher Intention es an den Empfänger gerichtet ist. Der zweite Grundsatz beschreibt das regelgeleitete, systematische Vorgehen der qualitativen Inhaltsanalyse. Durch diese Regelorientierung und durch das Ausrichten an festgelegten Ablaufmodellen ist der Auswertungsprozess gut nachvollziehbar. Der dritte Grundsatz knüpft hier an und befasst sich mit den Gütekriterien einer qualitativen Inhaltsanalyse. Ziel hierbei ist es, dass die Ergebnisse aus mehreren Analyse-Durchgängen durch verschiedene Personen trotzdem zumindest in Teilen übereinstimmen. Des Weiteren wird gemäß dem vierten Grundsatz eine Verbindung von quantitativen und qualitativen Analyseschritten angestrebt[75].

Das Verfahren der qualitativen Inhaltsanalyse ist dabei auf jede Form von Material anwendbar, welches in irgendeiner Form protokolliert ist[76]. Da die qualitative Inhaltsanalyse im Gegensatz zu vielen anderen Auswertungsmethoden das Vorhandensein einer wörtlichen Transkription nicht zwingend voraussetzt, bietet sie sich auch für die Auswertung von vielfältigem Material an.

---

[74] Vgl. (Mayring, 2002, S. 114)
[75] Vgl. (Mayring, 2013, S. 471)
[76] Vgl. (Mayring, 2013, S. 469)

Die qualitative Inhaltsanalyse umfasst drei Grundformen:
Die zusammenfassende Inhaltanalyse meint eine Reduktion des Materials auf seinen wesentlichen Inhalt. Die strukturierende Inhaltsanalyse filtert bestimmte Aspekte aus dem Material heraus. Im Rahmen der explizierenden Inhaltanalyse werden einzelne Textstellen um zusätzliches Material ergänzt, um diese verständlicher zu gestalten[77]. Aus der zusammenfassenden Inhaltsanalyse lässt sich die induktive Kategorienbildung als weitere Analysetechnik ableiten. Hierbei werden Kategorien schrittweise aus dem Material hergeleitet. So entwickeln sich die Auswertungsaspekte direkt ausgehend vom Forschungsmaterial selbst[78]. Für die vorliegende Studie wurde diese Art der Auswertung zur Orientierung herangezogen.

Bevor eine qualitative Inhaltsanalyse durchgeführt werden kann, muss zunächst das Ausgangsmaterial bestimmt werden, auf welches sie sich bezieht. Außerdem sind die formalen Charakteristika des Materials zu beschreiben und die Entstehungssituation des Materials ist zu skizzieren[79]. Letzteres erfolgt vor allem im Hinblick auf den ersten Grundsatz der qualitativen Inhaltsanalyse, demzufolge der Kommunikationszusammenhang des Materials stets Berücksichtigung finden muss.

Das Ausgangsmaterial der vorliegenden Studie besteht aus den zu diesem Zweck geführten Interviews. Insgesamt handelt es sich um 23 Gespräche mit Führungskräften. Die Interviews wurden auditiv aufgezeichnet und hinterher zu inhaltlichen Protokollen zusammengefasst. Das Material liegt somit in Textform vor. Die Entstehungssituation des Ausgangsmaterials lässt sich folgendermaßen umreißen: Die Teilnahme an der Studie war bei sämtlichen Führungskräften eine Entscheidung auf freiwilliger Basis. Die Erhebung erfolgte durch teilstrukturierte Leitfadeninterviews. Die Interviews fanden in den meisten Fällen am Arbeitsplatz der Interviewten statt. Drei Interviews wurden in externen Räumlichkeiten geführt, ein Gespräch fand bei der Führungskraft zu Hause statt. In allen Interviewsituationen waren ruhige, ungestörte Gesprächsbedingungen gegeben.

---

[77] Vgl. (Mayring, 2013, S. 472 f.)
[78] Vgl. (Mayring, 2013, S. 472)
[79] Vgl. (Mayring, 2015, S. 54 f.)

Das nachfolgende Ablaufschema visualisiert den Ablauf der induktiven Kategorienbildung:

Abbildung 8: Ablaufmodell induktiver Kategorienbildung
(Eigene Darstellung in Anlehnung an Mayring[80])

Im ersten Schritt müssen die Grundzüge der Analyse bestimmt werden. Für die vorliegende Studie wurde die Fragestellung ja bereits im Studiendesign (s. 2.2.1.) sowie bei der Konzeption des Interviewleitfadens (s. 3.1.) ausgearbeitet. Somit ergeben sich als Analysegegenstände die inhaltliche Beschreibung sowie Erkenntnisse über Herausforderungen aus systemtheoretischer Sicht und den dazugehörigen Bewältigungsstrategien.

Vor Beginn der Analyse muss des Weiteren noch eine Festlegung der Selektionskriterien für die Durchführung der Auswertung erfolgen. Hierzu bedarf es der Bestimmung von Kodiereinheit, Kontexteinheit und Auswertungseinheit.

---

[80] Vgl. (Mayring, 2002, S. 116)

Die Kodiereinheit beschreibt den kleinsten Materialbestandteil, der unter eine Kategorie subsumiert werden kann. Die Kontexteinheit bildet dagegen den größten kategorisierbaren Materialbestandteil ab. Die Auswertungseinheit legt die Reihenfolge der Auswertung der Materialbestandteile fest[81].
Für die vorliegende Studie wurden Kodiereinheit und Kontexteinheit sehr großzügig definiert, um nicht vorzeitig eine hinderlichen Einschränkung zu schaffen. Die Kodiereinheit ist als Bestandteil eines Satzes festgelegt. Diese Definition ist zwar relativ flexibel, allerdings kann durch die Protokollform bereits ein Schlagwort „Auslöser" für eine Kategorisierung sein.
Als Kontexteinheit wird jeweils das gesamte Protokoll eines Interviews bestimmt. Die Analyseeinheit bildet die Interviewnummer, die nach der Reihenfolge der Durchführung an die einzelnen Interviews vergeben wurde.

Anhand des Analysegegenstandes wird das Material im dritten Schritt nun Zeile für Zeile durchgegangen. Ist ein Textbestandteil für das Forschungsinteresse der Studie relevant, wird eine neue Kategorie definiert. Weitere relevante Textpassagen können nun entweder unter eine bestehende Kategorie subsumiert werden oder es wird eine neue Kategorie gebildet[82]. Bei fortschreitendem Durchgang des Materials kann auch eine Erweiterung der Kategorienbeschreibung oder eine Veränderung der Formulierung erfolgen.

Grundsätzlich werden bei der Kodierung des Materials für neue Kategorien eine neue Kategoriennummer sowie eine passende Kategorienbeschreibung vergeben. Außerdem wird auch bei bereits vorhandenen Kategorien ein Einzelnachweis geführt, in welchem die Fundstelle im Text vermerkt ist. Zur späteren Verwendung werden besonders passende oder prägnante Textpassagen als Ankerbeispiele aufgeführt. In der Protokolldatei werden kategorisierte Textpassagen durch Kursivmarkierung gekennzeichnet und mit der hochgestellten Kategoriennummer am Ende der Textpassage versehen.

[81] Vgl. (Mayring, 2015, S. 61-63)
[82] Vgl. (Mayring, 2002, S. 166 f.)

Das so entstehende Kategoriensystem muss im vierten Schritt nach einem Teildurchgang des Materials dahingehend überprüft werden, ob es dem Analyseziel folgt und das Material treffend beschreibt[83]. Für die vorliegende Studie ist dies nach Kodierung des achten Interviews, somit also nach ca. einem Drittel des Materials erfolgt. Hierbei wurden einige Kategorien leicht umformuliert, um die dadurch vertretenen Textpassagen treffender zu beschreiben. Es wurden jedoch keine schwerwiegenden Änderungen vorgenommen, sodass kein Neustart der Materialbearbeitung notwendig war und der endgültige Materialdurchgang gemäß dem fünften Schritt fortgesetzt werden konnte.

Ergebnis der Auswertung ist das Kategoriensystem, welches im sechsten Schritt nun interpretiert werden kann[84]. Hierzu wurden die Kategorien einzeln in einer Übersicht zusammengestellt und in ihrer Häufigkeit ausgewertet. Einerseits zählt hierbei die Anzahl der Kategorienanschläge insgesamt. Andererseits muss die Anzahl der Kategorienanschläge in Bezug auf die Anzahl der Führungskräfte dargestellt werden, da eine Führungskraft eine Kategorie mehrmals in den verschiedenen Fragekomplexen äußern kann. Anhand dieser tabellarischen Aufbereitung kann schließlich eine Auswertung und Interpretation des Kategoriensystems nach den Fragekomplexen der einzelnen Dilemmata vorgenommen werden.

Aufgrund des großen Umfangs des, durch die Auswertung gewonnenen, Datenmaterials werden in der folgenden Darstellung der Ergebnisse die Kategorien nicht weiter berücksichtigt, bei denen es sich lediglich um Einzelfälle handelt. Vereinzelte Ausnahmen, bei denen der Sonderfall hinsichtlich des Auswertungsinteresses besonders relevant erschien, werden durch entsprechende Vermerke gekennzeichnet.

[83] Vgl. (Mayring, 2015, S. 87)
[84] Vgl. (Mayring, 2015, S. 87)

4.2. Ergebnisse der qualitativen Studie

4.2.1. Analyse des Antwortverhaltens für die Dilemmata

Um einen grundlegenden Überblick über die Auswertung zu erhalten, werden zunächst die einzelnen Dilemmata hinsichtlich ihrer Relevanz abgebildet. Hierbei ist ausschlaggebend, welcher Anteil der befragten Führungskräfte die jeweiligen Dilemmata-Situationen bereits als Herausforderung erlebt hat.

(Eigene Darstellung)

Abbildung 9: Herausforderungen durch Individualbehandlung

100% und somit alle befragten Führungskräfte nehmen Herausforderungen durch Individualbehandlung wahr.

In Bezug auf die Gegenfrage des ersten Dilemmas ist die Verteilung sehr ausgewogen.

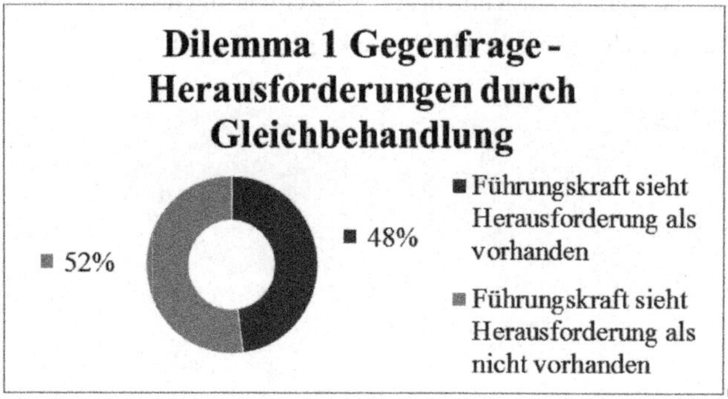

(Eigene Darstellung)

Abbildung 10: Herausforderungen durch Gleichbehandlung

48% der befragten Führungskräfte sehen Herausforderungen durch Gleichbehandlung als vorhanden, 52% dagegen nicht.
Die überwiegende Mehrheit von 70% der befragten Führungskräfte erleben Herausforderungen durch Fremdbestimmung als präsent. 30% sehen diese Herausforderung hingegen nicht als vorhanden.

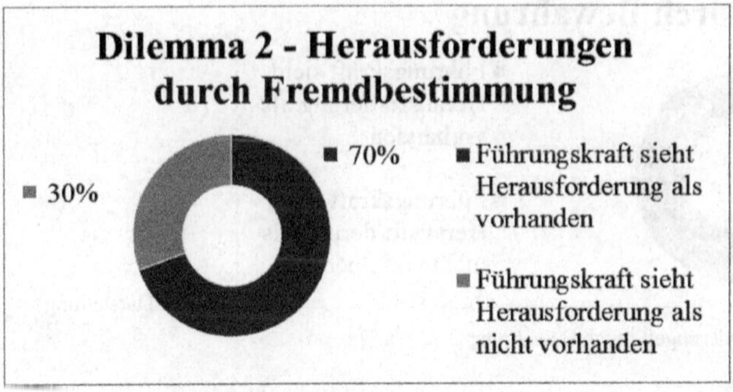

(Eigene Darstellung)

Abbildung 11: Herausforderungen durch Fremdbestimmung

Rund drei Viertel (74%) der befragten Führungskräfte kennen Herausforderungen durch Selbstbestimmung. 26% dagegen sehen in diesem Kontext keine präsenten Herausforderungen.

(Eigene Darstellung)

Abbildung 12: Herausforderungen durch Selbstbestimmung

96% der befragten Führungskräfte erleben nicht rechtzeitige oder nicht ausreichend umfangreiche Veränderungen als Herausforderung. Lediglich 4% der Teilnehmer wurden bisher noch nicht mit dieser Herausforderung konfrontiert.

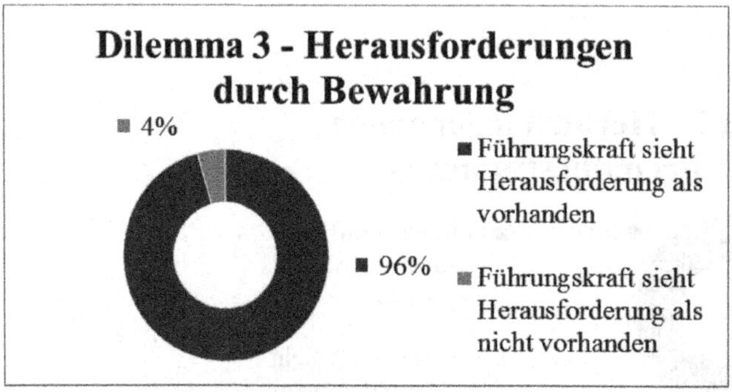

(Eigene Darstellung)

Abbildung 13: Herausforderungen durch Bewahrung

61% der Führungskräfte sehen übereilte oder zu umfangreiche Veränderungen als Herausforderung als vorhanden, 39% kennen dies dagegen nicht.

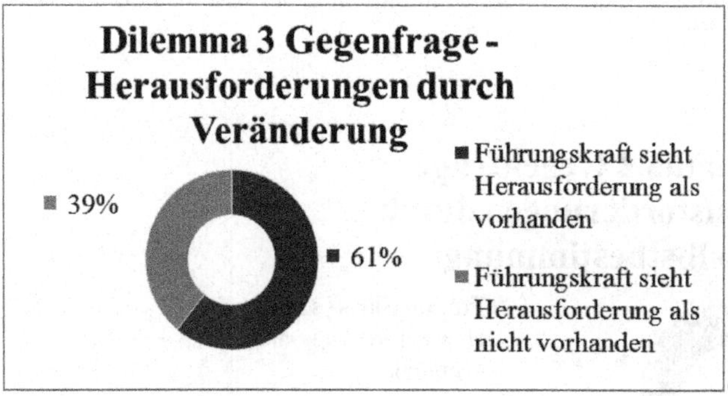

(Eigene Darstellung)

Abbildung 14: Herausforderungen durch Veränderung

91% der Führungskräfte kennen Herausforderungen durch Konkurrenzdenken zwischen Mitarbeitern, nur 9% erleben diesen Aspekt nicht als Herausforderung.

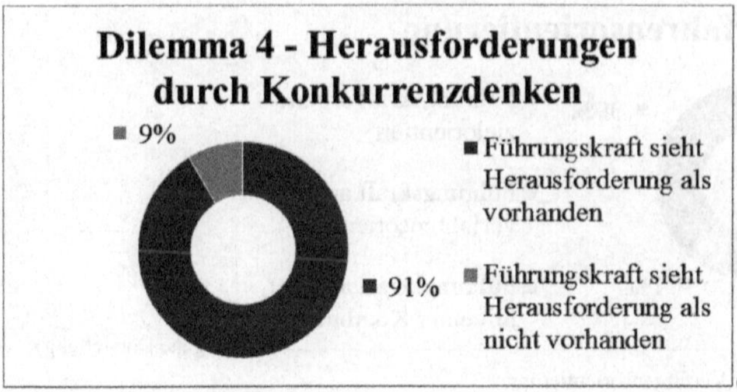

(Eigene Darstellung)

Abbildung 15: Herausforderungen durch Konkurrenzdenken

Während 57% der befragten Führungskräfte Herausforderungen durch mangelndes Konkurrenzdenken als vorhanden sehen, erleben 43% dies nicht als herausfordernd.

(Eigene Darstellung)

Abbildung 16: Herausforderungen durch mangelndes Konkurrenzdenken

Das letzte Dilemma zeigt auf, ob die Führungskraft ziel- oder verfahrensorientiert arbeitet.

(Eigene Darstellung)

Abbildung 17: Ziel- oder Verfahrensorientierung

Der Großteil der befragten Führungskräfte (57%) arbeitet mit einer Kombination aus Ziel- und Verfahrensorientierung. 39% geben an, rein zielorientiert zu arbeiten und nur 4% richten sich nach einer reinen Verfahrensorientierung aus.

Auf Grundlage dieser quantitativen Analyse der Herausforderungen aus den Dilemmata wird für den folgenden Teil der Analyse eine Auswahl getroffen, welche der Dilemmata gesondert im Detail betrachtet werden. Aufgrund der häufigen Nennung unter den befragten Führungskräften sowie der hohen Brisanz des Themas widmet sich die spezifische Auswertung den Dilemmata Fremdbestimmung - Selbstbestimmung, Konkurrenz – Kooperation sowie Zielorientierung – Verfahrensorientierung.
Die Dilemmata Individualität – Gleichbehandlung sowie Veränderung weisen im Hinblick auf das Ziel dieser Arbeit weniger aussagekräftige Inhalte auf und werden daher im Rahmen der ganzheitlichen Analyse im nächsten Unterabschnitt behandelt.

4.2.2. Ganzheitlicher Überblick

Abbildung 18: WordCloud Allgemeine Leitfrage
(Eigene Darstellung mittels www.wordle.net)

Bei Betrachtung des ausgewerteten Kategoriensystems (siehe Anhang 2: Kategoriensystem Übersicht & Auswertung) fällt unmittelbar auf, wie stark der Schwerpunkt der Lösungsstrategien durch die Führungskräfte auf der persönlichen Kommunikation (K-16) liegt. 91,3% aller befragten Führungskräfte geben an, Lösungsfindung durch persönliche Kommunikation und Gespräche zu betreiben. Hier spiegelt sich auch das Antwortverhalten der Führungskräfte aus der Einstiegsfrage wieder, es wird sehr viel Wert auf eine persönliche und greifbare Führung gelegt.

Ein weiterer, großer Aspekt findet sich in dem Thema Fremdbestimmung. Bereits bei der allgemeinen Leitfrage sprechen mehrere Führungskräfte von sich aus an, dass sie den Umgang mit ausgeprägter Fremdbestimmung durch gesetzliche Vorgaben (K-76) als große Herausforderung empfinden. Die detaillierte Betrachtung hierzu erfolgt zwar gesondert im nächsten Unterabschnitt mit der Auswertung des zweiten Dilemmas. Aufgrund der enormen Brisanz und Relevanz des Themas soll allerdings schon an dieser Stelle darauf hingewiesen werden.

Knapp die Hälfte aller befragten Führungskräfte (47,8%) empfindet den Umgang mit emotional stark aufgeladenen Widerständen oder Konflikten (K-112) als große Herausforderung. Sie begegnen dieser meist durch das Einfangen von Emotionen und der Rückholung auf die Sachebene (K-11).

Über alle Fragekomplexe hinweg stellt die Handlungsunfähigkeit aufgrund von mangelnder Entscheidungskompetenz ein großes Hindernis in der Bewältigung von Herausforderungen dar (K-58). 82,6% der Führungskräfte gaben an, Probleme aufgrund mangelnder Handlungsmöglichkeit nicht lösen zu können, dies wurde in den meisten Fällen als sehr unbefriedigend erlebt. In diesem Zusammenhang besteht eine weitere große Herausforderung für viele Führungskräfte darin, ihrer Vermittler-Rolle zwischen den Mitarbeitern und den höheren Führungsebenen gerecht zu werden. 39,1% der befragten Führungskräfte empfinden die Vertretung von Unternehmenszielen oder Entscheidungen aus dem höheren Management gegenüber ihren Mitarbeitern als herausfordernd (K-2). Mehr als ein Drittel (34,8%) erlebt die inhaltliche Vermittlungsarbeit zwischen Mitarbeitern und höherem Management als anspruchsvolle Aufgabe (K-5). 30,4% der befragten Führungskräfte bezeichnen ihre Situation in diesem Kontext ganz konkret als „Sandwich-Position“ (K-123).
Das Ausfüllen dieser Rolle der unteren Führungsebene und das damit verbundene, notwendige Vereinbaren von Erwartungen und Pflichten gegenüber den beiden konträren Positionen ist eine fortlaufende, diffizile Aufgabe. Es gilt hier, beiden Positionen gerecht zu werden und wo immer es möglich ist, zu vermitteln (K-4). Darüber hinaus sehen 34,8% der befragten Führungskräfte es als unvermeidlich und wichtig an, Konflikte aushalten zu können sowie zu akzeptieren, dass man es in diesen prekären Situationen nicht allen Beteiligten recht machen kann (K-149). Die untere Führungsebene nimmt bereits durch ihre organisatorische Konzeption eine Mediatorenrolle zwischen den Mitarbeitern und dem mittleren bzw. höheren Management ein, es bedarf beidseitiger Interessensvermittlung und ausgleichender Vermittlung[85].

In diesem Kontext entsteht eine weitere große Herausforderung, wenn Zieldiskrepanzen vorliegen (K-168). 13,0% der Führungskräfte geben an, von den übergeordneten Managementebenen widersprüchliche Ziele zu erhalten. Um dem entgegenwirken zu können, achten die betroffenen Führungskräfte hierbei auf das Setzen von Prioritäten (K-138) und auf die Erklärung von Hintergründen und Zusammenhängen (K-7).

[85] Vgl. (Hentze, Graf, Kammel, & Lindert, 2005, S. 448 f.)

Eine weitere, besonders diffizile Herausforderung entsteht, wenn sich die Unternehmensziele nicht mit dem eigenen Ziel- und Wertesystem vereinen lassen (K-1). 26,1% der befragten Führungskräfte haben dies bereits erlebt. Hierbei vertreten mehrere Führungskräfte die Auffassung, dass die grundsätzliche Vereinbarkeit von Zielen und Werten Grundvoraussetzung dafür ist, ihre Aufgabe adäquat und mit gutem Gewissen erfüllen zu können. Kommt es hierbei zu Abweichungen, versuchen die Führungskräfte, durch Gespräche (K-16) und Vermittlung einen Konsens oder Kompromiss zu erreichen (K-4).

Eine wichtige Erkenntnis ergibt sich daraus, dass es für einige Führungskräfte zur Herausforderung wird, sich genug Zeit für die aktive Führungsarbeit zu schaffen (K-186). Immerhin 21,7% der Befragten empfinden dies als anstrengend. Auch dieser Problemfaktor ist institutionell bedingt, die Führungskräfte konnten im Rahmen der Befragung keine Lösungsansätze nennen, da es hier meist an Entscheidungskompetenzen fehlt. Ein Erklärungsversuch besteht darin, dass es in vielen Unternehmen keinen angemessenen Zeitwert für die Führungsarbeit gibt, ab einer gewissen Position wird erwartet, dass diese zusätzlich zu den fachlichen Aufgaben erbracht wird. Als nachhaltige, umfassende Lösungsstrategie wäre beispielsweise die institutionelle Schaffung eines zeitlichen Rahmens für die Führungsarbeit denkbar. Hierbei wären vor allem die oberen Führungsebenen in der Handlungspflicht.

Der Umgang mit krankheitsbedingten Ausfällen von Mitarbeitern stellt einen großen Problemfaktor dar (K-98). 39,1% der Studienteilnehmer empfinden die Kompensation von krankheitsbedingten Ausfällen als herausfordernd. Mehr als ein Viertel (26,1%) geben an, durch die Kompensation von Ausfällen negative Effekte auf die Motivation der Mitarbeiter sowie Qualitätseinbußen und Überlastungssituationen festzustellen (K-103). Hierbei ist es den Führungskräften sehr wichtig, durch diese Kompensation keine Überlastung ihrer Mitarbeiter herbeizuführen (K-101), 34,8% der befragten Führungskräfte bemühen sich um eine Vermeidung von Überlastungssituationen bzw. um eine Entlastung ihrer Mitarbeiter. Allerdings lässt sich dies angesichts von krankheitsbedingten Ausfällen nicht immer vermeiden. Nur vergleichsweise geringe 17,4% der befragten Führungskräfte greifen bei der Kompensation von Ausfällen auch tatsächlich auf eine Aufstockung der Personalkapazitäten durch kurzfristige Aushilfen oder Zeitarbeit, beziehungsweise auf zusätzlich eingeplante Personalreserven zurück (K-99).

Daraus kann man schließen, dass für die anderen Führungskräfte die Verteilung der Mehrarbeit auf die übrigen Mitarbeiter zur Kompensation nötig ist.

Zu diesem Problemfaktor gehören mittelbar auch die von zwei Führungskräften thematisierte schwierige Arbeitsmarktsituation (K-134) sowie der für eine Führungskraft als herausfordernd empfundene Umgang mit dem steigenden Arbeitsvolumen (K-183). In diesem Kontext erleben einige der befragten Führungskräfte (13,0%) eine große Herausforderung darin, mit dem Spannungsfeld Wirtschaftlichkeit – Mitarbeiterorientierung (K-184) umzugehen. Hierbei muss gut abgewogen werden, wie relevant die aktuelle Situation für die Zukunft ist und ab wann eine dauerhafte Lösung wie z.B. Aufstockung der Personalkapazitäten in Betracht gezogen werden muss (K-8). Schließlich spielt dazu auch wieder die Interessensvermittlung zwischen den Mitarbeitern und den oberen Führungsebenen eine wichtige Rolle (K-5).

Herausforderungen durch das Spannungsfeld Individualität – Gleichbehandlung

Abbildung 19: WordCloud Dilemma Individualbehandlung – Gleichbehandlung
(Eigene Darstellung mittels www.wordle.net)

Das Antwortverhalten der Studienteilnehmer in Bezug auf das erste Dilemma ist eindeutig: Alle befragten Führungskräfte haben bereits Erfahrungen mit Herausforderungen durch Individualbehandlung (K-26) gemacht.

Das Modell der synergetischen Führung setzt gewissermaßen die individuelle Betrachtung der einzelnen Individuen des Mikrosystems voraus, damit einerseits die individuellen Bedürfnisse ausreichend Berücksichtigung finden und ganzheitliche, nachhaltige Motivation möglich wird[86]. Zum anderen dient dies auch der bestmöglichen Verwendung der (personellen) Kapazitäten und Kompetenzen. Dadurch kann die Leistungsfähigkeit und Effizienz des Mikrosystems im Hinblick auf dessen Gesamtziel gesteigert werden[87].

Dennoch wäre es vorschnell, die einheitliche Aussage aus der Befragung dahingehend zu interpretieren, dass hier eindeutiger Handlungsbedarf in der Führungspraxis besteht, denn zugleich geben 73,9% der befragten Führungskräfte an, dass Individualbehandlung den Grundsatz ihres Entscheidungsverhaltens darstellt (K-27). Weitere 17,4% der befragten Führungskräfte bezeichnen sich als grundsätzlich offen für Individualentscheidungen (K-140). Lediglich 13,0% der befragten Führungskräfte sehen die Gleichbehandlung als Grundlage Ihres Entscheidungsverhaltens (K-124), wobei auch hiervon eine Führungskraft gleichsam betont, bei Bedarf auch offen für Individualentscheidungen zu sein.

Hieraus ergibt sich das prägende Gesamtbild, dass die befragten Führungskräfte viel Wert auf Individualbehandlung ihrer Mitarbeiter legen, 65,2% vertreten die Ansicht, dass grundlegende Gleichbehandlung den individuellen Bedürfnissen ihrer Mitarbeiter nicht ausreichend gerecht wird (K-28). Mehrere Führungskräfte (21,7%) betonen, dass sie eine Gleichbehandlung nur dann als gerecht erachten, wenn auch gleiche Voraussetzungen vorliegen (K-31), Unterschiedliches muss der Fairness halber daher auch unterschiedlich behandelt werden. 17,4% der Führungskräfte distanzieren sich von Pauschalentscheidungen, die lediglich einer scheinbaren Wahrung der Gleichbehandlung dienen (K-196).

Gleichbehandlung wenden 34,8% der Führungskräfte für allgemeine, strukturübergreifende Regelungen an, die für alle Mitarbeiter gelten (K-162). Grenzen der Individualbehandlung sehen 13,0% der befragten Führungskräfte definitiv durch Gesetz oder Moral (K-107). Etwa ein Viertel (26,1%) der Befragten geben zudem an, dass der Betriebsablauf durch Individual- und Sonderregelungen nicht gefährdet werden darf (K-169).

---

[86] Vgl. (Graf & Witte, 2012, S. 520 f.)
[87] Vgl. (Graf & Witte, 2012, S. 522 f.)

Herausforderungen aufgrund von Gleichbehandlung (K-106) erleben nur knapp die Hälfte (47,8%) der Führungskräfte als präsent. Dies ist maßgeblich auf ihre Argumentation zurückzuführen, dass es durch das hohe Maß an Individualität oft gar nicht erst zu solchen Situationen kommt.

Fraglich ist nun, welche Ursachen dann den eindeutig wahrgenommenen Herausforderungen bei Individualentscheidungen zugrunde liegen. An der grundsätzlichen Einstellung der befragten Führungskräfte besteht in Anbetracht der soeben dargestellten Ergebnisse kein Zweifel.
Die Herausforderung resultiert in den meisten Fällen daraus, dass die anderen Mitarbeiter von der jeweiligen Individualbehandlung überzeugt sein müssen, ansonsten empfinden sie diese als ungerecht (K-37) und reagieren unter Umständen mit Widerstand (K-57). Es ist also wichtig, sich im Team Akzeptanz für Individualentscheidungen zu schaffen.

34,8% der befragten Führungskräfte vertreten diesbezüglich die Ansicht, dass Individualregelungen nicht zu Lasten des Kollektivs gehen dürfen (K-104). Ebenfalls 34,8% sind der Meinung, dass Individualregelungen gerechtfertigte und nachvollziehbare Gründe brauchen (K-105). Als Bewältigungsmethode versuchen die Führungskräfte, individuell auf die jeweiligen Mitarbeiter einzugehen und diese stets im Gesamtbild zu betrachten (K-30) sowie situationsbezogen abzuwägen (K-3). Viele Führungskräfte versuchen, im Sinne einer offenen Konfliktkultur (K-35) sowie durch Gespräche (K-16) und Vermittlung einen Kompromiss zu finden (K-4), mit dem alle Beteiligten einverstanden sind. Durch Offenheit im Entscheidungsverhalten (K-83) und durch Erklärung der Hintergründe (K-7) sollen die Mitarbeiter davon überzeugt werden, dass die Entscheidungskriterien fair und unparteiisch sind. 65,2% der befragten Führungskräfte haben an sich selbst den Anspruch, immer den jeweiligen Umständen gerecht, angemessen, fair und sozial zu entscheiden (K-32). Des Weiteren versuchen einige Führungskräfte nach Möglichkeit, bereits im Vorhinein im Team abzufragen, wie gerecht sie eine bestimmte Sonderregelung empfinden (K-36), dadurch können sie sich den Rückhalt des Teams sichern.

Insgesamt stellt gut die Hälfte (56,5%) der befragten Führungskräfte Verständnis und grundsätzliche Hilfsbereitschaft für Sonderregelungen im Team fest (K-74). Als Erfolgsfaktor hierfür sehen einige Führungskräfte insbesondere die Nachvollziehbarkeit des Anliegens (K-198). Wenn die anderen Mitarbeiter das Bedürfnis als gerechtfertigt und nachvollziehbar erachten, haben sie auch viel Verständnis. Dieses Verständnis versuchen mehrere Führungskräfte durch das Anregen von Perspektivenwechsel zu fördern (K-12).

Ebenfalls herausfordernd ist der Umgang mit einer direkten Einforderung von Individualbehandlung oder Sonderrechten (K-158), diese Erfahrung haben bereits 30,4% der befragten Führungskräfte gemacht. Knapp ein Drittel (30,4%) der befragten Führungskräfte vertritt die Ansicht, dass von Individualentscheidungen jeder im Team profitieren kann (K-211).

Herausforderungen durch das Spannungsfeld Bewahrung – Veränderungen

Abbildung 20: WordCloud Dilemma Bewahrung – Veränderung
(Eigene Darstellung mittels www.wordle.net)

Auch das Dilemma Veränderung erzielt ein sehr einheitliches Antwortverhalten: 95,7% der befragten Führungskräfte haben bereits Herausforderungen aufgrund von nicht rechtzeitiger oder nicht ausreichend umfangreicher Veränderung erlebt (K-50). 60,9% kennen Herausforderungen durch übereilte oder zu umfangreiche Veränderungen (K-56).

Als Ursache hierfür sehen 21,7% der befragten Führungskräfte eine zu abrupte Durchführung der Veränderung (K-174), 13,0% nehmen eine mangelhafte Planung der Veränderung (K-52) als Auslöser der Herausforderung wahr. Über die Hälfte (52,2%) der befragten Führungskräfte sehen eine frühzeitige und objektive Planung einer Veränderungsmaßnahme als maßgeblichen Erfolgsfaktor an (K-54).

17,4% der befragten Führungskräfte geben an, dass wichtige Veränderungen bereits durch Macht- und Statuskonflikte blockiert oder verzögert wurden (K-51). Dies ist im Sinne des Modells der synergetischen Führung äußerst kontraproduktiv.
Anstatt Macht und Status über Positionen sichern zu wollen, sollte eher eine Fokussierung auf eine erfolgreiche Zielverfolgung angestrebt werden[88]. Während die Blockade von Veränderungen die Machtposition nur kurzfristig erhalten kann und zugleich dem Unternehmen erheblichen Schaden zufügt, führt eine Ausrichtung auf die Zielerreichung zur nachhaltigen Sicherung von Erfolg und Einfluss.
Demgegenüber stehen Situationen, in denen Herausforderungen durch unvorhersehbare Entwicklungen entstanden sind (K-80). 26,1% der befragten Führungskräfte geben an, bereits eine herausfordernde Situation erlebt zu haben, in der aufgrund der unvorhersehbaren Entwicklung kein alternatives Handeln oder keine bessere Planung möglich war. Als mögliche vorbeugende Maßnahmen sehen 17,4% der befragten Führungskräfte eine flexible und anpassungsfähige Konzeption der Veränderungsmaßnahme (K-88). In einigen Fällen spielt auch bei dem Thema Veränderung ein Mangel an Entscheidungskompetenz eine große Rolle, weswegen die Führungskraft keine Handlungsalternativen hat (K-58).

39,1% der befragten Führungskräfte erleben den Umgang mit der negativ geprägten Grundeinstellung der Mitarbeiter gegenüber Veränderungen als herausfordernd. (K-82) Viele Mitarbeiter sind davon überzeugt, dass eine Veränderung grundsätzlich erhebliche Nachteile für sie bedeutet. In manchen Fällen unterstellen Mitarbeiter aus dieser Grundeinstellung heraus sogar das Vorhandensein von absichtlich versteckten negativen Aspekten. 34,8% der befragten Führungskräfte geben an, dass ihre Mitarbeiter Veränderung im Generellen als unangenehm empfinden und Beständigkeit bevorzugen (K-172). Auch die Erzeugung von Motivation (K-21) für die Umsetzung der Veränderung empfinden die Führungskräfte als anspruchsvoll, zum Teil sogar als kräftezehrend.

---

[88] Vgl. (Graf & Witte, 2012, S. 525)

Als Reaktion hierauf versuchen 47,8% der befragten Führungskräfte, ihren Mitarbeitern die Vorteile an der Veränderung aufzuzeigen (K-86). Durch die bereits erwähnte negative Grundeinstellung der Mitarbeiter fällt es diesen oft schwer, die positiven Aspekte der Veränderung wahrzunehmen. Indem eben diese vermittelt werden, können negative Vorbehalte abgebaut werden und es wird ein objektiver, positiv gerichteter Blick auf die kommende Veränderung ermöglicht. 34,8% der befragten Führungskräfte versuchen darüber hinaus, ihren Mitarbeitern das Ausprobieren der Neuerungen zu ermöglichen (K-87). Auch dies dient dem Abbau von negativen Vorbehalten und fördert die Einsicht und Überzeugung der Mitarbeiter. In dieser Eingewöhnungsphase ist eine geordnete Hinführung an die Veränderung möglich, dies wirkt wiederrum einer zu abrupten Durchführung entgegen. Manche Führungskräfte vereinbaren sogar eine Art Probezeit, um den Mitarbeitern das Gefühl zu nehmen, vor vollendete Tatsachen gestellt zu werden. Des Weiteren geben 13,0% der befragten Führungskräfte an, sich gezielt einen Multiplikator-Effekt durch die Mitarbeiter zu Nutze zu machen (K-200). Gelingt es, einige Mitarbeiter von der Veränderung zu überzeugen, so können diese die so gewonnene Motivation und positive Sichtweise auf die anderen Mitarbeiter übertragen.

Eine weitere Maßnahme zur Bewältigung der Herausforderungen durch Veränderung ist der Abbau von zeitlichem Druck, indem Zeiträume für die Veränderung großzügig geplant werden (K-85). 56,5% der befragten Führungskräfte haben diesen Lösungsansatz bereits angewandt.
30,4% der befragten Führungskräfte empfinden in diesem Zusammenhang den Umgang mit der Angst vor Veränderung der Mitarbeiter als eine Herausforderung (K-81). Um dieser Situation begegnen zu können, bemühen sich die Führungskräfte beispielsweise darum, Sicherheit zu geben (K-84) und dadurch Ängste zu nehmen. Auch die Vermittlung von Verständnis sowie die empathische Reaktion auf diese Ängste sind hierbei hilfreich (K-173). 26,1% sehen es als langfristiges Ziel, eine positive Veränderungskultur zu etablieren und somit die Kompetenzen zum Umgang mit Veränderungen insgesamt zu stärken (K-114).

Des Weiteren sehen sich 17,4% der Führungskräfte mit der Herausforderung konfrontiert, regelmäßig ihre Erwartungen an die Mitarbeiter zu überprüfen und anzupassen (K-194). Insbesondere, wenn die Führungskraft selbst Veränderungen als weniger schwierig empfindet, ist es notwendig, sich z.B. durch einen Perspektivenwechsel (K-

12) in die Lage der Mitarbeiter zu versetzen und so seine Erwartungen mit der Realität abzugleichen.

78,3% der befragten Führungskräfte sahen sich bereits mit der Herausforderung konfrontiert, dass Mitarbeiter durch Widerstand reagierten und keine Einsicht erzeugt werden konnte (K-57). Ein Festhalten am Altzustand durch die Mitarbeiter haben bereits 30,4% der befragten Führungskräfte erlebt (K-154). Zur Bewältigung dieser anspruchsvollen Situationen setzen die Führungskräfte vermehrt auf Kommunikation und Gespräche (K-16). Das Erfragen der Gründe und Auslöser für dieses Verhalten kann hilfreich sein (K-113). Durch das Erklären der Hintergründe der Veränderungsmaßnahme (K-7) oder durch das Anregen von Perspektivenwechseln (K-12) sollen Verständnis und Einsicht gefördert werden. Auch das Wahrnehmen der eigenen Vorbildfunktion (K-72) kann dabei helfen, Widerstände abzubauen.

78,3% der Führungskräfte sehen die aktive Einbeziehung ihrer Mitarbeiter als erfolgsbestimmenden Faktor, um Widerstände abzubauen und alle Beteiligten mitzunehmen (K-36). Auch eine gemeinsame Erarbeitung der Vorgehensweise im Team kann hilfreich sein, um die Mitarbeiter optimal auf die neuen Anforderungen vorzubereiten (K-155). Sofern Entscheidungsfreiheiten vorhanden sind, ist auch eine Vermittlung mit Konsens- oder Kompromissfindung möglich (K-4). All diese Aspekte zielen im Endeffekt auf eine bessere Beteiligung der Mitarbeiter am Veränderungsgeschehen ab.
21,7% der befragten Führungskräfte sehen ein gewisses Maß an Beständigkeit als Erfolgsfaktor an (K-143). Zu viel Veränderung schadet der Arbeitsqualität des Teams und wirkt gegen Lerneffekte bei den Mitarbeiter. In diesem Zusammenhang empfinden 21,7% der befragten Führungskräfte den Umgang mit der Dynamik und dem damit einhergehenden Entwicklungsdruck als herausfordernd (K-73).

Das Modell der synergetischen Führung sieht Veränderung als fortlaufenden, stetigen Prozess an. Durch diese „Kontinuität der Veränderung" kann eine positive Veränderungskultur geschaffen werden und das Mikrosystem kann sich optimal an die aktuellen Gegebenheiten anpassen und entwickeln[89]. Veränderungen sollten in diesem Kontext nicht als einzelne, eventuell sogar unvorhergesehene Maßnahmen betrachtet wer-

[89] Vgl. (Graf & Witte, 2012, S. 526)

den, die den Normalzustand für eine gewisse Zeit außer Kraft setzen und dessen Ordnung aufmischen. Erstrebenswert ist dagegen ein Normalzustand, der die kontinuierliche Veränderung miteinschließt und eine stetige Weiterentwicklung berücksichtigt.
Eine weitere Ursache von Herausforderungen durch Veränderungen ist die mangelnde Berücksichtigung des Gesamtsystems (K-191). Zwar empfinden dies nur 13,0% der befragten Führungskräfte als präsent, demgegenüber führen allerdings mit 26,1% gleich doppelt so viele Studienteilnehmer die Berücksichtigung des Gesamtsystems als einen wichtigen Lösungsansatz an (K-137). Dies zeigt die Relevanz des Aspektes auf. Die Berücksichtigung des Gesamtansatzes wird bereits von einigen Studienteilnehmern als zielführend und unterstützend erlebt.

4.2.3. Auswertung der einzelnen Dilemmata

In diesem Unterabschnitt wird eine detaillierte Betrachtung der verbleibenden drei Dilemmata Fremdbestimmung – Selbstbestimmung, Konkurrenz – Kooperation sowie Zielorientierung – Verfahrensorientierung vorgenommen.

Fremdbestimmung – Selbstbestimmung

Abbildung 21: WordCloud Dilemma Fremdbestimmung – Selbstbestimmung
(Eigene Darstellung mittels www.wordle.net)

Wie bereits vorab kurz im ganzheitlichen Überblick erwähnt, stößt das Führungsdilemma Fremdbestimmung – Selbstbestimmung bei den befragten Führungskräften auf große Resonanz. Bereits im Rahmen der offen gehaltenen Einstiegsfrage sprechen mehrere Führungskräfte dieses Thema als große Herausforderung an.

69,6% der befragten Führungskräfte erleben Herausforderungen durch Fremdbestimmung in ihrem Führungsalltag als präsent (K-42). In Bezug auf die Gegenfrage kennen 73,9% der befragten Führungskräfte Herausforderungen durch Selbstbestimmung (K-78). Beide Pole des Dilemmas weisen somit eine starke Tendenz im Antwortverhalten auf, beide Herausforderungen werden als stark präsent erlebt. Dies deutet darauf hin, dass dieses Dilemma durch die Führungskräfte tatsächlich auch als solches wahrgenommen wird, was eine detaillierte Betrachtung umso interessanter gestaltet.

Im Vergleich dazu zeigt beispielsweise die Auswertung des ersten Dilemmas, dass sich ein Großteil der Führungskräfte für einen konsistenten Umgang mit diesem Spannungsfeld entschieden hat und das Dilemma somit jeweils subjektiv für sich „gelöst“ wurde.

56,5% der befragten Führungskräfte geben an, dass eine Quelle der Fremdbestimmung betrieblich bedingt ist und z.B. durch die Geschäftsführung vorgegeben wird (K-43). 65,2% der befragten Führungskräfte erleben das Vorhandensein von Fremdbestimmung durch gesetzliche Vorgaben (K-76).

Insbesondere die zweite Form stößt bei den befragten Führungskräften häufig auf Ablehnung. Mehr als ein Drittel (34,8%) erlebt durch immer detailliertere administrative Anforderungen ein Abrücken von der eigentlichen Kerntätigkeit des Berufes (K-126). Mehrere Führungskräfte geben an, insbesondere durch diese Tatsache einen Motivationsverlust festzustellen. Viele Mitarbeiter sind für die Tätigkeiten ihres Berufes hochmotiviert, es wird dagegen zur Herausforderung, für Fremdbestimmung administrativer Art Motivation zu erzeugen (K-21). Dies ist neben dem Erziehungswesen durch einen hohen Dokumentationsaufwand vor allem auch im Finanzwesen durch ausgeprägte Berichtspflichten zu bemerken.

Zu einem ähnlichen Ergebnis kam auch eine Studie der Wirtschaftsprüfungsgesellschaft KPMG AG aus dem Jahr 2013, die die Auswirkungen regulatorischer Anforderungen auf das Bankgeschäft untersucht. Der Studie zufolge zeigen sich Auswirkungen der Regulierungsvorschriften in steigender Komplexität und Bürokratie durch die Intensivierung der Melde- und Berichtspflichten[90]. Dass dieser Aspekt auch in der vorliegenden Studie auftritt, unterstreicht dessen Relevanz abermals.

Die Frage nach der gesetzlichen Fremdbestimmung stellt für sich gesehen ein eigenes Spannungsfeld dar. Insgesamt 43,5% der befragten Führungskräfte sprechen sich dafür aus, dass ein gewisses Maß an Fremdbestimmung notwendig ist (K-77). Dieser Wert kann durchaus auch auf das Studiendesign zurückzuführen sein, befragt wurden Führungskräfte aus zum Teil sehr sensiblen Arbeitsbereichen, wie z.B. das Finanzwesen

---

[90] Vgl. (KPMG AG Wirtschaftsprüfungsgesellschaft, 2013, S. 3) Online: https://www.kpmg.com/DE/de/Documents/auswirkungen-regulatorischer-anforderungen-2013.pdf

oder Erziehungswesen. Insbesondere aufgrund deren hoher Sensibilität ist ein gewisses Maß an Regulation über den Gesetzgeber unter anderem im Sinne der Grundrechte des Grundgesetzes (GG) unabdingbar. Exemplarisch sei hier die frühkindliche Förderung und Bildung im Rahmen der Kindererziehung genannt. Dass der Gesetzgeber zur Wahrung der Grundrechte hier einschreitet, ist nachvollziehbar und wichtig. Wie soeben dargestellt, verhält sich die Sachlage im Finanzwesen in Bezug auf die gesetzlichen Regulationsvorschriften ähnlich. Fraglich ist nun, wo hierbei die Grenze zu ziehen ist. Wie viel Dokumentations- und Verwaltungsaufwand ist hier sachdienlich und wo beginnt eine Überbürokratisierung? Auf Basis dieser Studie wird auf diese Frage mit Sicherheit keine ausreichende juristische Antwort gefunden werden. Es sollte allerdings zum Nachdenken anregen, dass beruflich hoch qualifizierte und sehr motivierte Fachkräfte dies augenscheinlich als große Belastung und Demotivationsfaktor wahrnehmen.

Mit 82,6% erlebt die überwiegende Mehrheit der befragten Führungskräfte, dass eine ausgeprägte Fremdbestimmung oder dahingehend starke Kontrolle negative Auswirkungen auf Motivation und Arbeitszufriedenheit der Mitarbeiter hat (K-46). Starke Fremdbestimmung und Kontrolle suggerieren Misstrauen und Zweifel an der Kompetenz der Mitarbeiter.

Des Weiteren nehmen mehr als die Hälfte der befragten Führungskräfte (52,2%) einen negativen Einfluss von ausgeprägter Fremdbestimmung auf Effektivität und Effizienz ihrer Mitarbeiter wahr (K-44). 21,7% sprechen in diesem Zusammenhang sogar von einem Verlust bzw. einem Mangel an Kompetenzen, der durch starke Fremdbestimmung entsteht (K-24).

Als Reaktion hierauf geben mehr als die Hälfte (56,5%) der befragten Führungskräfte an, ihren Mitarbeitern bewusst mehr Selbstbestimmung zu ermöglichen (K-45). Knapp die Hälfte der befragten Führungskräfte (43,5%) stellen positive Effekte auf die Fähigkeit zum Selbstmanagement sowie auf die Prozesskompetenzen der Mitarbeiter fest (K-110). Daher ist Selbstbestimmung nicht bloß in Bezug auf Motivation und Arbeitszufriedenheit, sondern auch in wirtschaftlicher Hinsicht als gewinnbringend anzusehen.

Insbesondere bei diesem Dilemma besteht allerdings ein Problemfaktor darin, dass die Führungskraft durch die Fremdbestimmung eben keine entsprechenden Entscheidungskompetenzen innehat, um z.B. betriebliche Checklisten für ungültig zu erklären. Deshalb ist oftmals keine dahingehende Lösung der Herausforderung möglich (K-58).

Obwohl der Großteil der Führungskräfte angibt, Herausforderungen durch Fremdbestimmung zu kennen, empfinden gut die Hälfte (52,2%) der befragten Führungskräfte, dass ihre Mitarbeiter insgesamt in ausreichendem Maße selbstbestimmt arbeiten können (K-141).
Diese, im ersten Moment recht widersprüchliche Tatsache kann dahingehend erklärt werden, dass ebenfalls ein großer Anteil der Führungskräfte angeben hat, bewusst mehr Selbstbestimmung einzuräumen, wo es eben möglich ist (K-45, s.o.). Weitergehende Interpretation dieser Fakten könnte sein, dass die meisten der durch die Führungskräfte erlebten Herausforderungen vorwiegend außerhalb ihres Zuständigkeitsbereiches liegen. Dort, wo die Führungskräfte Entscheidungskompetenz innehaben, werden diese häufig auch aktiv wahrgenommen und mehr Selbstbestimmung ermöglicht.
Bei Regelungen, die unter die eigene Zuständigkeit fallen, bemühen sich viele Führungskräfte, die Mitarbeiter bei der Ausgestaltung der Regelwerke miteinzubeziehen (K-36) oder diese im Team zu erarbeiten (K-155).

In den anderen Fällen versuchen viele Führungskräfte dagegen, möglichst frühzeitig zu reagieren (K-15) und unliebsame Regeln anzusprechen. In Gesprächen (K-16) und durch den offenen Austausch im Team (K-35) kann versucht werden, Verständnis für die Fremdbestimmung zu fördern (K-14). Hierbei kann es auch hilfreich sein, Hintergründe und Sinn der Vorgaben zu erklären (K-7). Auf diese Weise ist es oftmals möglich, Einsicht bei den Mitarbeitern zu erzeugen (K-164). Bei unabdingbaren Vorschriften sehen sich einige Führungskräfte gezwungen, deren Einhaltung mit Konsequenz einzufordern (K-75).

Nicht selten kommt es auch vor, dass Mitarbeiter mit Widerstand reagieren und keine Einsicht erzeugt werden kann (K-57). Wenn gegen Auflagen verstoßen wurde, greifen einige Führungskräfte auf die bereits oben dargelegten, kommunikativen Maßnahmen wie Gespräche (K-16) oder das Erklären von Hintergründen (K-7) sowie auf Supervisionen beziehungsweise Coaching zurück (K-17).
43,5% der befragten Führungskräfte stellen in diesem Zusammenhang fest, dass manche Mitarbeiter konkret mehr Fremdbestimmung benötigen und dies auch einfordern (K-111). Die Gründe hierfür könnten z.B. lange Gewöhnungsphasen mit ausgeprägter Fremdbestimmung sein. Darüber hinaus ist hierbei auch die individuelle Betrachtung des jeweiligen Entwicklungsstandes des Mitarbeiters wichtig (K-30), denn wenn ent-

sprechende Kompetenzen noch nicht entwickelt werden konnten, ist ebenfalls ein höheres Maß an Fremdbestimmung nötig und vertretbar.
Um diese Herausforderung bewältigen zu können, fördern 52,2% der Führungskräfte die Selbstständigkeit ihrer Mitarbeiter, indem sie die Problemlösung durch die Mitarbeiter selbst fördern und Hilfe zur Selbsthilfe geben (K-49). Fehlen dem Mitarbeiter noch die entsprechenden Kompetenzen, kann hierauf durch Fortbildungsmaßnahmen oder durch Kompetenzförderung reagiert werden (K-47).

Als Ursache von Herausforderungen durch Selbstbestimmung erleben die befragten Führungskräfte unter anderem das Fehlen von konkreten Zuständigkeiten und Regeln für den konkreten Fall, weil dieser z.B. neuartig ist und bisher noch nicht geklärt werden konnte (K-190). Hierbei kommt es somit zu unbeabsichtigten Regelüberschreitungen. Als Gegenmaßnahme klären die Führungskräfte Zuständigkeiten und Verfahrensweisen für die neu aufgetretene Situation, sodass für die Zukunft klare Strukturen vorhanden sind (K-127). Zwei Führungskräfte sprechen bei diesem Dilemma die mangelnde Berücksichtigung des Gesamtsystems als Ursache für Herausforderungen an (K-191). Die Mitarbeiter können aus ihrer Perspektive die Auswirkungen und Folgen ihres Handelns auf das Gesamtsystem nicht abschätzen. 30,4% der befragten Führungskräfte haben bereits absichtliches, bewusstes Hinwegsetzen über Regeln seitens ihrer Mitarbeiter erlebt (K-171). Die Reaktion der Führungskräfte erfolgt hierbei ähnlich wie bei den oben bereits aufgeführten Herausforderungen durch Fremdbestimmung, wie z.B. durch frühzeitiges Eingreifen (K-15) oder durch Thematisierung des Fehlverhaltens in Gesprächen (K-16). Auch die Verstärkung von Kontrolle für eine bestimmte Dauer nach der Regelüberschreitung kann hilfreich sein (K-79). Wenn Regeln mehrfach verletzt werden, beziehungsweise keine Einsicht bei dem betroffenen Mitarbeiter erzeugt werden kann (K-57), muss auf Regeleinhaltung zum Teil mit Nachdruck und Konsequenz bestanden werden (K-75). In Einzelfällen eskalierte die Situation so weit, dass die Kündigung des Mitarbeiters unvermeidbar war (K-166).

Der überwiegenden Mehrheit der befragten Führungskräfte (73,9%) ist es wichtig, einen klaren Rahmen zu definieren und abzugrenzen, in dem die Mitarbeiter selbstständig arbeiten dürfen (K-109). Wenn dieser Rahmen auf dem aktuellen Stand und allen Beteiligten bekannt ist, können unbeabsichtigte Regelüberschreitungen aufgrund von Unklarheit oder veralteten Regelwerken im Vorhinein verhindert werden. Bei der Weiterentwicklung und Anpassung des Rahmens kann wiederrum die Einbeziehung der

Mitarbeiter hilfreich sein (K-36). Ebenfalls wichtig ist ein konstruktiver Umgang mit Fehlern, sodass aus diesen gelernt wird und eine kontinuierliche Verbesserung stattfinden kann. 21,7% der befragten Führungskräfte erachten eine positive Fehlerkultur als Erfolgsfaktor (K-91). 17,4% der Führungskräfte distanzieren sich explizit von der Schuldfrage, da diese nicht zielführend ist (K-192). Man konzentriert sich eher auf die fehlerhaften Prozesse und nicht auf die Person, die den Fehler ausgelöst hat. 21,7% der befragten Führungskräfte geben an, viel Wert auf eine lösungsorientierte Herangehensweise zu legen (K-195).

Das Modell der synergetischen Führung setzt im Rahmen der Funktion des Struktur-Managements voraus, dass zur Erreichung des gemeinsamen Ziel eine bestmögliche Strukturierung der Aufgaben erfolgt. Hierzu ist es wichtig, auf die Kompetenzen der jeweiligen Mitarbeiter einzugehen und diese bei der Aufgabenverteilung zu berücksichtigen[91]. Somit distanziert sich das Modell von einer starren Fremdbestimmung, da Kompetenzen sowie Interessen der Mitarbeiter Berücksichtigung finden. Hierdurch erfolgt eine Förderung von Selbstbestimmung.

Des Weiteren findet sich das Dilemma Fremdbestimmung – Selbstbestimmung sehr stark in der Funktion des Prozess-Managements der synergetischen Führung wieder. Demzufolge müssen die Mitglieder des Mikrosystems in der Lage sein, ihre Arbeitsabläufe selbstständig zu steuern und zu verbessern. Dies dient zum einen der Arbeitszufriedenheit der Mitarbeiter, damit diese die Möglichkeit haben, Prozesse an ihre individuellen Arbeitsweisen und ihre Selbstorganisation anzupassen. Zum anderen wirken sich die Prozessoptimierung sowie die teaminterne Abstimmung mit Verbesserung der gemeinsamen Schnittstellen förderlich auf die Zielerreichung des Mikrosystems aus[92]. Hierzu sind Methodenkompetenzen notwendig, die maßgeblich durch selbstbestimmtes Arbeiten entstehen (K-110, s.o.).
Nur wenn die Mitarbeiter die Möglichkeit haben, selbstständig Modifikationen an Prozessen vorzunehmen, können sie deren Ausmaß erfassen und eine Optimierung vornehmen. Durch reine Fremdbestimmung, wie z.B. durch Vorgaben, lässt sich einerseits keine Prozessoptimierung durch die Mitarbeiter erreichen, zum anderen wird

[91] Vgl. (Graf & Witte, 2012, S. 522)
[92] Vgl. (Graf & Witte, 2012, S. 523 f.)

auch die Selbstständigkeit der Mitarbeiter nicht gefördert. So können Austausch und Abstimmung zwischen den Mitgliedern des Mikrosystems nicht in ausreichendem Maße stattfinden.

Zusammenfassend lässt sich feststellen, dass für ein gutes Struktur-Management ein hohes Maß an Selbstbestimmung unabdingbar ist. In der synergetischen Führung wird der Führungskraft die Förderung der Prozesskompetenzen ihrer Mitarbeiter sogar explizit als Aufgabe zugewiesen[93].

Diese Erkenntnisse stehen definitiv nicht der Grundauffassung entgegen, dass ein gewisses Maß an Fremdbestimmung notwendig ist (K-77, s.o.). Das Vorhandensein von gewissen Regelwerken ist m.E. als Grundvoraussetzung anzusehen. Allerdings geht es um die Ausprägung dieser Regelwerke und die Möglichkeiten der Mitarbeiter, sich selbstständig bei der Gestaltung ihrer Arbeit einbringen zu können.

Konkurrenz – Kooperation

Abbildung 22: WordCloud Dilemma Konkurrenz – Kooperation
(Eigene Darstellung mittels www.wordle.net)

[93] Vgl. (Graf & Witte, 2012, S. 523)

Die vorliegende Studie ergibt, dass 91,3% der befragten Führungskräfte Herausforderungen durch Konkurrenzverhalten zwischen Mitarbeitern kennen (K-59). Diese Herausforderung wird somit eindeutig als präsent erlebt.

39,1% der befragten Führungskräfte sind davon überzeugt, dass ausgeprägte Konkurrenz sich negativ auf die Arbeitsqualität des Teams niederschlägt (K-63). 13,0% der Studienteilnehmer sehen darüber hinaus negative Auswirkungen von ausgeprägter Konkurrenz auf Motivation und Arbeitszufriedenheit der Mitarbeiter (K-208). Angesichts der häufig gebräuchlichen Intention von Konkurrenz, Leistung und Motivation der Belegschaft zu steigern, ist diese Erkenntnis überaus aufschlussreich. Sie kann als Indiz dafür gewertet werden, dass hier unter Umständen schon ein Schritt in die richtige Richtung gemacht wurde und ein Umdenken stattfindet. Konkurrenzdenken sollte nicht aufgrund der scheinbaren (zum Teil auch nur rein wirtschaftlichen) Vorteile blind gefördert, sondern durchaus auch kritisch in Bezug auf dessen Nachteile hinterfragt werden.

Das Konzept der synergetischen Führung bewertet Konkurrenz unter Mitarbeitern als schädlich, da das Mikrosystem als Einheit nach dem Systemziel streben soll und aus diesem Grund die optimale bedarfsgerechte und flexible Verteilung der vorhandenen Ressourcen erfolgen muss. Insofern ist eine Kooperation zwischen den Mitarbeitern notwendig, während hingegen Besitzdenken und Konkurrenzkämpfe hinderlich sind und der Leistungsfähigkeit des Mikrosystems schaden[94].
Der Begriff „Ressource" ist hierbei sehr weitläufig gefasst und berücksichtigt sämtliche konkurrenzfähige Faktoren[95]. Außerordentlich interessant sind somit die aus der Studie gewonnenen Erkenntnisse hinsichtlich der Auslöser des Konkurrenzverhaltens: 43,5% der befragten Führungskräfte haben bereits Erfahrungen mit Konkurrenzdenken bezüglich Weiterentwicklungen oder Stellenbesetzungen gemacht (K-60). Hierzu zählen sämtliche karrieremäßigen Entwicklungen in Bezug auf Aufstieg, Erhöhung des Entgelts oder Fortbildungen. Davon abzugrenzen ist der Fall, in dem sich das Konkurrenzdenken ungeachtet der Position nur auf die leistungsorientierte Bezahlung, z.B. die

---

94 Vgl. (Graf & Witte, 2012, S. 521 f.)
95 Vgl. (Graf & Witte, 2012, S. 521)

Prämienberechnung bezieht, diese Konkurrenzsituation nehmen 21,7% der Studienteilnehmer wahr (K-167).

Ebenfalls 43,5% der befragten Führungskräfte kennen Konkurrenzdenken in Bezug auf das Arbeitspensum (K-89). Hierbei steht in der Regel die Intention im Vordergrund, das aktuelle Aufgabengebiet beibehalten zu wollen und keine Mehrarbeit leisten zu müssen. Außerdem werden Aufgaben nach ihrem Prestige-Grad bewertet und es kommt vor, dass Mitarbeiter hier versuchen eigenständig organisatorisch-gestalterisch tätig zu werden. Dies äußert sich beispielsweise dadurch, dass beliebte Tätigkeiten an sich gezogen und unter Umständen verteidigt werden, während hingegen unliebsame Aufgaben auf Kollegen abgeschoben werden. 17,4% der befragten Führungskräfte sind davon überzeugt, dass vielfältige und klar abgegrenzte Arbeitsbereiche der Entstehung von Konkurrenzsituationen vorbeugen (K-182).
Konkurrenzdenken bezüglich Arbeitsmittel und Informationen erleben 34,8% der befragten Führungskräfte (K-62), wobei hier die Konkurrenz bezüglich Informationen stark überwiegt. Nur zwei der insgesamt acht Führungskräfte, die sich mit dieser Herausforderung konfrontiert sehen, erleben die Ausstattung der Arbeitsplätze als Auslöser des Konkurrenzdenkens. Dies ist auch darauf zurückzuführen, dass insgesamt 17,4% der befragten Führungskräfte angeben, diesbezüglichen Konkurrenzsituationen durch die Standardisierung von Arbeitsmitteln im Unternehmen vorzubeugen (K-92). Informationen werden dagegen als höchst konkurrenzfähige Ressource wahrgenommen. Insbesondere hierbei kann die Sicherstellung eines funktionierenden und gleichmäßigen Informationsflusses Abhilfe schaffen (K-199).
30,4% der befragten Führungskräfte führen diesen Lösungsansatz als Strategie zur Bewältigung von Herausforderungen durch Konkurrenz in Bezug auf Informationen an. Wenn alle Beteiligten von der Gerechtigkeit und Funktionalität der Informationsverteilung überzeugt sind, kann der Entstehung einer Konkurrenzsituation vorgebeugt werden.

Konkurrenzdenken bezüglich Lob und Anerkennung durch die Führungskraft nehmen 17,4% der Studienteilnehmer wahr (K-61). Ein ebenso großer Anteil (17,4%) erlebt das Entstehen von Konkurrenzsituationen durch Hierarchie (K-117). Zwei dieser vier Führungskräfte beschreiben eine solche Art der Konkurrenz zwischen den Mitarbeitern aufgrund von Hierarchiekonstruktionen, wie z.B. die Abgrenzung Fachkraft – Hilfskraft. Die anderen beiden Führungskräfte haben bereits erlebt, dass sich Mitarbeiter mit Konkurrenzverhalten gegen die Führungsinstanz selbst gerichtet haben, um sich gegen formelle Hierarchien zu behaupten.

21,7% der befragten Führungskräfte erleben Herausforderungen durch Konkurrenzdenken zwischen Mitarbeitern als besonders problematisch, weil die daraus resultierenden Konflikte im Team für die Führungskraft oftmals nicht offen erkennbar sind (K-66). Konkurrenzkonflikte werden meist auf einer sehr persönlichen Ebene ausgetragen und selten im Team oder gegenüber der Führungskraft thematisiert. Eine Aufdeckung des Konfliktes erfolgt hier eher über Beobachtung und Eigeninitiative seitens der Führungskraft. Einige Führungskräfte versuchen dieser Problematik entgegen zu wirken, indem sie explizit Verantwortung an die Mitarbeiter delegieren (K-90) und eine frühzeitige Ansprache sowie eine positive Konfliktkultur (K-35) fördern. Ist der Konflikt aufgedeckt, sollte dieser umfassend aufgearbeitet werden (K-108). Ein weiteres Indiz für das Vorhandensein eines Konkurrenzkonfliktes können Bagatellkonflikte sein, bei denen die eigentliche Ursache wesentlich tiefer liegt als der eigentliche Auslöser (K-148), 17,4% der befragten Führungskräfte haben dies bereits erlebt.
Zur Bewältigung dieser Herausforderungen aufgrund von Konkurrenzdenken unter Mitarbeitern setzen viele der Führungskräfte auf Kommunikation und Ansprache des Konfliktes (K-16). Eine weitere populäre Bewältigungsstrategie stellt das Schaffen von klaren Regelungen und Zuständigkeiten für die Zukunft dar (K-127). Indem gemeinsame Regeln zum Umgang miteinander festgelegt werden und z.B. konkurrenzfähige Aufgaben klar verteilt sind, können Konkurrenzkonflikte im Vorhinein eingedämmt werden. Außerdem kann hierbei die Äußerung von klaren Erwartungen und Ansprüchen hilfreich sein (K-25).

Einige Führungskräfte setzen auf die Vermittlung zwischen den Konfliktparteien (K-4), emotional aufgeladene Konflikte werden zurück auf die Sachebene geholt (K-11)
Im Allgemeinen lassen sich manche Konkurrenzkonflikte durch eine Verbesserung des Teamklimas bereits präventiv verhindern (K-125). Den Mitarbeitern soll dadurch verdeutlicht werden, dass sie innerhalb des Mikrosystems eine Einheit bilden und der gemeinsamen Zielsetzung durch Konkurrenzverhalten mehr schaden als nützen.
Auch durch das bewusste Treffen von gerechten Entscheidungen (K-32) in Verbindung mit Offenheit und Transparenz im Entscheidungsverhalten (K-83) können potentielle Konkurrenzsituationen entschärft werden.

In vereinzelten Situationen basieren Konkurrenzsituationen auf subjektiven Ungerechtigkeitsgefühlen von Mitarbeitern (K-37). Sofern sich diese nicht durch die oben genannten Maßnahmen lösen lassen, bleibt manchen Führungskräfte manchmal keine alternative Möglichkeit mehr, als konsequent auf ihren Entscheidungen zu bestehen (K-75). In Einzelfällen kam es bereits zu einer Kündigung durch einen Mitarbeiter (K-165), weil sich dieser nicht mit der Situation abfinden konnte oder wollte.

Zusammenfassend lässt sich somit feststellen, dass ein Großteil der befragten Führungskräfte Konkurrenz unter Mitarbeitern mitunter kritisch sieht und als Herausforderung erlebt. Demgegenüber steht allerdings die Aussage von knapp der Hälfte (43,5%) der Studienteilnehmer, dass Konkurrenz in gewissem Maße notwendig und begrüßenswert ist (K-144).

Nur 26,1% der befragten Führungskräfte erachten Konkurrenzdenken unter Mitarbeitern als nicht notwendig (K-128). Dieses Ergebnis zeigt, dass trotz der kritischen Hinterfragung die Notwendigkeit von Konkurrenzsituationen unter den Mitarbeitern noch immer als erforderlich angesehen wird. Die Förderung von Konkurrenzsituationen widerspricht der eigentlichen Funktion, welche die Führungskraft im Rahmen der synergetischen Führung innehat. Die Führungskraft sollte im Sinne des systemtheoretischen Führungsverständnisses Konkurrenz eindämmen und Kooperation fördern. Die im Rahmen der vorliegenden Studie abgebildete Realität sieht hingegen anders aus. In der Führungspraxis besteht somit noch viel Handlungsbedarf, um ein solches Umdenken anzustoßen. Dies wird durch die nachfolgenden Ergebnisse zur Gegenfrage des vierten Dilemmas (Herausforderungen durch mangelnde Konkurrenz) verdeutlicht.
Mehr als die Hälfte der befragten Führungskräfte (56,5%) nehmen Herausforderungen durch mangelnde Konkurrenz wahr (K-93).

43,5% der Studienteilnehmer sehen eine negative Auswirkung von mangelndem Konkurrenzdenken auf die Motivation der Mitarbeiter (K-94). Teaminterne Konkurrenz dient demnach dazu, die Mitarbeiter zu besseren Leistungen anzuspornen und zu motivieren. Außerdem kann eine Konkurrenzsituation die Weiterentwicklung der Mitarbeiter fördern, indem gewisse Privilegien, die sich Mitarbeiter erarbeitet haben, als Exempel statuiert werden. Diese sollen die anderen Mitarbeiter so zur Verbesserung anregen (K-161).

26,1% der befragten Führungskräfte sind davon überzeugt, dass mangelnde Konkurrenz die Veränderungsbereitschaft und Dynamik der Mitarbeiter erschwert (K-69). Dadurch festigen sich gewisse Strukturen und die Mitarbeiter sehen keinen Bedarf darin, sich unangenehmen Veränderungen oder Neuerungen anzupassen.

Interessant ist hierbei, dass knapp ein Drittel der befragten Führungskräfte (30,4%) mangelnde Konkurrenz überwiegend auf negative Einflüsse hinsichtlich der Gruppendynamik und des Gruppenklimas beziehen (K-70). Die Führungskräfte geben an, dass das Fehlen von Konkurrenzsituationen eine verschlossene Kommunikations- und Konfliktkultur erzeugt. Eine konstruktive Ansprache von Problemen ist nicht mehr möglich und die Äußerung von Kritik wird nicht toleriert.
13,0% der befragten Führungskräfte sind davon überzeugt, dass sich mangelndes Konkurrenzdenken unter Mitarbeitern durch Veränderung und Dynamik verhindern lässt (K-119). Je dynamischer das Arbeitsumfeld der Mitarbeiter ist, desto mehr sind sich diese demnach der Notwendigkeit bewusst, hierbei mitzuziehen und sich mit vollem Engagement einzubringen. Ebenfalls 13,0% der Studienteilnehmer sehen Motivations- und Anreizsysteme als gute Möglichkeit, um mangelndes Konkurrenzdenken im Vorhinein einzudämmen (K-120).

Mehrere Führungskräfte legen viel Wert auf eine funktionierende Fehlerkultur (K-91) sowie Kritikkultur (K-19). Eine offene Konfliktkultur sowie die klare Ansprache von Problemen im Team sind für viele Führungskräfte sehr wichtig und müssen wiederhergestellt werden (K-35). Um die oben beschriebene Herausforderung zu bewältigen und wieder zu einem offenen, konstruktiven Miteinander zu finden, kann bereits eine Verbesserung des Teamklimas hilfreich sein (K-125). Auch die Förderung der selbstständigen Konfliktbewältigung durch die Mitarbeiter mittels Hilfe zur Selbsthilfe (K-49) kann hierbei nützlich sein. Gegebenenfalls kann auch das Fördern eines Kompetenzzuwachses der Mitarbeiter durch Weiterentwicklung zu einer Verbesserung der Situation führen (K-47).

Einige Führungskräfte (13,0%) haben darüber hinaus festgestellt, dass aufgestaute Konflikte innerhalb einer derart verschlossenen Konstellation nach einer bestimmten Zeit ganz automatisch ausbrechen, wenn sich genügend Spannungen angesammelt haben (K-202). Sobald diese sich entladen haben, kann man die Konflikte aufarbeiten (K-108) und es ist wieder ein konstruktives Miteinander möglich.

Sofern die negative Gruppendynamik weiterhin besteht, kann hier ganz gezielt interveniert werden, indem man bewusst für konstruktive Unruhe sorgt oder Konkurrenzsituationen schafft (K-95). 30,4% der befragten Führungskräfte haben in ihrer Führungspraxis bereits auf diese Methode zurückgegriffen. Dies kann beispielweise durch eine Veränderung des Teamgefüges mittels einer Versetzung stattfinden (K-64). Zwei Führungskräfte sprechen in diesem Kontext außerdem explizit das Thema Teamrollen an (K-68). Sie haben für sich festgestellt, dass sich gewisse Konfliktpotentiale bereits durch bestimmte Konstellationen von Charakteren im Team ergeben.

Im Konzept der synergetischen Führung werden Teamrollen im Rahmen des Struktur-Managements bezüglich des Beziehungsziels des Mikrosystems berücksichtigt. Das Management der Teamrollen ist von der Führungskraft vorzunehmen und dient der Herstellung einer ausgewogenen Teamzusammensetzung, welche die Basis für eine effiziente Verfolgung der Systemziele schafft[96].

In diesem Bereich besteht auf Grundlage der Studienergebnisse noch ein großer Handlungsbedarf, um ein flächendeckendes Umdenken bezüglich Konkurrenz zwischen den Mitarbeitern zu erzielen und stattdessen eine funktionierende Kooperation zum Wohle des Systemziels zu fördern.

---

[96] Vgl. (Graf & Witte, 2012, S. 522 f.)

Zielorientierung – Verfahrensorientierung

Abbildung 23: WordCloud Dilemma Zielorientierung – Verfahrensorientierung
(Eigene Darstellung mittels www.wordle.net)

Lediglich 39,1% der befragten Führungskräfte richten ihre Führungsarbeit nach einer Zielorientierung aus (K-71). Nur eine Führungskraft gibt an, rein verfahrensorientiert zu arbeiten (K-216). Die Mehrheit der befragten Führungskräfte (56,5%) wenden in ihrem Führungsalltag eine Kombination aus Zielorientierung und Verfahrensorientierung an (K-96).

In Anbetracht der enormen Relevanz einer guten Zielorientierung für das Konzept der synergetischen Führung deutet dieses Ergebnis auf ein weiteres Feld mit großem Handlungsbedarf hin.

Die gesamte Steuerung des Mikrosystems basiert auf einer gemeinsamen Zielsetzung im Rahmen des Differenz-Managements[97]. Der Aufbau der nachfolgenden Führungsfunktionen läuft in Form eines evolutionären Prozesses ab. Da somit die Ausbildung der jeweils vorhergehenden Komponenten für die weitere Entwicklung vorausgesetzt

---

[97] Vgl. (Graf & Witte, 2012, S. 521)

wird[98], kann die Zielorientierung als elementare Grundlage einer systemtheoretisch orientierten Führung betrachtet werden.

Dem steht nun die Erkenntnis gegenüber, dass weniger als die Hälfte der befragten Führungskräfte ihr Führungsverhalten klar zielorientiert ausrichten. Zwar ist die reine Verfahrensorientierung mit nur einem Studienteilnehmer weit abgeschlagen, doch die meisten Führungskräfte vermischen die beiden Ausrichtungen, sie wollen oder können sich nicht festlegen. Eine Kombination von Verfahrens- und Zielorientierung kann zwar durchaus Vorteile haben. So kann durch die Reflektion eines Verfahrens eine Optimierung der Arbeitsabläufe erfolgen. Durch Behandlung der Frage „was ist mit diesem Verfahren möglich?" kann man die Leistungsfähigkeit des Verfahrens gut beurteilen und analysieren, welches Potential darin steckt. Gut ein Fünftel der Befragten (21,7%) setzen mitunter auf die Optimierung eines Verfahrens als Lösungsansatz (K-185).

In vielen Fällen ist eine Zielorientierung seitens der Führungskräfte zwar gewollt, für sie jedoch nicht umsetzbar. Mehr als ein Viertel der befragten Führungskräfte (26,1%) geben an, dass der Fokus auf die Verfahrensorientierung institutionell vorgegeben ist (K-129). Dies entspricht den Erkenntnissen aus den vorangegangenen Auswertungsabschnitten. Die befragten Führungskräfte empfinden insgesamt, dass sie selbst einem hohes Maß an Fremdbestimmung ausgesetzt sind. Sie geben an, oftmals keine Einflussmöglichkeiten oder Entscheidungskompetenzen (K-58) innezuhaben, so wurde z.B. auch die Balance zwischen Individual- bzw. Gleichbehandlung in mehreren Fällen als vorbestimmt erlebt (K-178).
34,8% der befragten Führungskräfte erachten die Ausrichtung nach Ziel- oder Verfahrensorientierung als eine Frage des persönlichen Charakters (K-157). Demzufolge können manche Menschen mit einer Zielorientierung besser umgehen als mit einer Verfahrensorientierung und umgekehrt. Als eine Art der Lösung kann die Führungskraft versuchen, den Weg finden, der am besten zu ihr und ihrem Team passt. Auch die aktive Miteinbeziehung sowie die Förderung von kooperativen Entscheidungen kann hier hilfreich sein (K-36).

---

[98] Vgl. (Willke, 2006, S. 79)

Im Umgang mit dahingehenden Widerständen (K-57) kam es vereinzelt bereits zu Eskalation bis hin zur Kündigung durch Mitarbeiter (K-165) oder Arbeitgeber (K-166). Die unterschiedlichen Bedürfnisse der Mitarbeiter im Hinblick auf die Ziel- bzw. Verfahrensorientierung sind in vielen Fällen auch auf deren Erfahrung und Kompetenzentwicklung zurückzuführen. Hierbei muss man individuell auf den Mitarbeiter eingehen und dessen Gesamtbild betrachten (K-30). Durch einen ausführlichen Einarbeitungsprozess (K-116) können neue Mitarbeiter sich an den Umgang mit Ziel- oder Verfahrensorientierung gewöhnen. Insgesamt neun Führungskräfte sehen die Möglichkeit, z.B. durch Förderung eine Weiterentwicklung der entsprechenden Kompetenzen ihrer Mitarbeiter zu erreichen (K-47). Die Entwicklung von Kompetenzen zum erfolgreichen Umgang mit Zielorientierung kann auch durch die Förderung von Selbstreflektion (K-20) sowie durch Hilfe zur Selbsthilfe (K-49) geschehen. Teilweise ist auch ein höheres Maß an Kontrolle notwendig, um Lerneffekte und Verhaltensänderungen zu sichern (K-79).

Auch Oswald Neuberger setzt gewisse Kompetenzen der Mitarbeiter als Basis für eine funktionierende Zielorientierung voraus[99].
Die Zielorientierung ist ein elementarer Bestandteil des systemtheoretischen Führungsverständnisses, die Führungskraft muss das Systemziel an alle Mitglieder des Mikrosystems vermitteln und eine Bindung an dieses fördern[100].

Auf Grundlage der vorliegenden Studie lässt sich somit eine weitere Aufgabe der Führungskraft definieren: Sie muss die Kompetenzen ihrer Mitarbeiter fördern, sodass diese in der Lage sind, die Zielsetzung anzunehmen und ihr Handeln systematisch zum Erfolg des Systemziels auszurichten. Grundvoraussetzung hierzu ist, dass die Führungskraft selbst zielorientiert arbeitet und die entsprechenden Kompetenzen besitzt.

Im Allgemeinen empfinden mehr als die Hälfte der Führungskräfte (52,2%) den Umgang mit Mitarbeitern als herausfordernd, die mit einer Zielorientierung nicht zurechtkommen (K-131). Obwohl eine konsequente Zielorientierung nur von einem Teil der Führungskräfte gelebt wird, sehen viele die Vorteile und Chancen, welche sich hier-

---

[99] Vgl. (Neuberger, 2002, S. 346)
[100] Vgl. (Graf & Witte, 2012, S. 519-521)

durch ergeben. Dies liegt vorwiegend an dem soeben beschriebenen Spannungsfeld zwischen der grundsätzlichen Einstellung der Führungskraft und deren Realisierbarkeit, z.B. durch institutionelle oder gesetzliche Vorgaben sowie durch Kompetenzdefizite bei den Mitarbeitern.

21,7% der Führungskräfte sehen durch mangelnde Zielorientierung negative Auswirkungen auf die Lösungsorientierung und Flexibilität der Arbeitsweise (K-176). 13,0% sind davon überzeugt, dass mangelnde Zielorientierung ein falsches Setzen von Prioritäten begünstigt (K-132). Durch das Fehlen eines konkreten Ziels können viele Mitarbeiter ihre Aufgaben nicht angemessen priorisieren und lenken ihre Bemühungen in eine falsche Richtung. Das führt neben Frustration auch ganz maßgeblich zu Ineffizienz, denn dies kann unter anderem ein "korrektes Verrichten von falscher Arbeit" zum Ergebnis haben. Ebenfalls 13,0% sehen einen negativen Einfluss von mangelnder Zielorientierung auf den Überblick über das Gesamtsystem (K-133). Durch Aufspaltung des eigentlichen Ziels in kleinteilige Arbeitsabläufe haben die Mitarbeiter keine Möglichkeit mehr, das „große Ganze" zu erkennen, sie sind in der Perspektive ihres Arbeitsbereiches gefangen.
Dieser Aspekt führt wiederrum zu der bereits behandelten Notwendigkeit, dass sich Mitarbeiter im Rahmen des Prozess-Managements untereinander abstimmen und den Gesamtprozess sowie dessen Schnittstellen kennen. Sie benötigen einen Blick für die Wechselbeziehungen und Auswirkungen ihres Handelns auf das gesamte Mikrosystem und darüber hinaus[101].

39,1% der befragten Führungskräfte nehmen durch zielorientiertes Arbeiten positive Effekte auf die Motivation ihrer Mitarbeiter wahr (K-97). Besonders hervorzuheben ist hierbei die Beobachtung zweier Führungskräfte, dass die Zielarbeit gerade deswegen enorm motivierend wirkt, weil Arbeitsergebnisse dadurch konkret messbar gemacht werden. Im Arbeitsalltag sind die Leistungen und Erfolge der eigenen Arbeit meist nebulös oder werden nicht wirklich beachtet, im Rahmen der Zielarbeit können diese bewusst aufgedeckt und entsprechend gewürdigt werden.
Eine Herausforderung in Bezug auf die zielorientierte Arbeit mit Mitarbeitern nehmen 17,4% der befragten Führungskräfte darin wahr, dass die Effektivität der Zielorientie-

---

[101] Vgl. (Graf & Witte, 2012, S. 523)

rung maßgeblich von der Qualität der Zielsetzung abhängt (K-156). Indem man fortlaufend Ziele setzt, die z.B. zu hoch gesteckt oder zu unpräzise formuliert sind, können sich die Vorteile und Chancen der Zielorientierung nicht entfalten. Eine Bewältigungsstrategie der Führungskräfte für die Herausforderung besteht daher darin, viel Wert auf die Formulierung von konkreten, realisierbaren Zielen zu legen, wie z.B. nach dem SMART-Prinzip (K-121).

13,0% der befragten Führungskräfte sind davon überzeugt, dass eine Verfahrensorientierung durch eine funktionierende Zielorientierung abdingbar wird (K-130).
Diese Erkenntnisse verdeutlichen, wie wichtig eine gute Zielorientierung im Hinblick auf systemtheoretisches Führungsverständnis ist. Durch eine konsequent zielorientierte Ausrichtung eröffnen sich den Führungskräften viele Vorteile und Chancen. Hierbei bedarf es allerdings noch großflächiger Veränderungen und Entwicklungen. Basierend auf den Studienergebnissen bevorzugt die Mehrheit der Führungskräfte aktuell einen Mittelweg zwischen Ziel- und Verfahrensorientierung. Durch tiefergehendes systemtheoretisches Führungsverständnis sowie durch wachsende Courage der Führungspraxis, das eigene Führungsverhalten konsequente zielorientiert auszurichten, könnte m.E. hier eine positive Entwicklung erfolgen.

5. Zusammenfassung und Fazit

Zusammenfassend lässt sich feststellen, dass die vorab definierten Herausforderungen im Führungsalltag der Studienteilnehmer als präsent wahrgenommen wurden. Der Umgang mit den Führungsdilemmata stellt Führungskräfte insbesondere im Hinblick auf Führung in systemtheoretischem Kontext oftmals vor große Herausforderungen. Exemplarisch sei hier auf das Führungsdilemma Fremdbestimmung – Selbstbestimmung verwiesen. Oftmals scheitert ein Umdenken in der Praxis an Zuständigkeiten und Verfügungsrahmen der Führungskräfte der unteren Führungsebene. In anderen Bereichen hat dagegen ein notwendiges Umdenken größtenteils noch nicht stattgefunden. So wird beispielsweise Konkurrenz unter den Mitarbeitern von einem großen Teil der befragten Führungskräfte noch immer als notwendig erachtet und entsprechend gefördert. Auch die enorme Relevanz einer konsequenten Zielorientierung spiegelt sich in der Praxis m.E. noch nicht entsprechend wieder.

Es ergeben sich somit einige Handlungsfelder, in denen noch viel getan werden muss, um systemtheoretisches Führungsverständnis in der Führungspraxis nachhaltig zu verankern. Gleichzeitig offenbarten sich diese Bereiche den befragten Führungskräften zufolge als enorm herausfordernd, sodass sich aus der Führungspraxis hier ein großer Handlungsbedarf ergibt.

Bei den Studienteilnehmern bestand ein großes Interesse am Forschungshintergrund dieser Arbeit. Obwohl das systemtheoretische Führungsverständnis im Rahmen der Gesprächseinleitung nur in wenigen Sätzen umrissen wurde, fragten die Studienteilnehmer oftmals interessiert nach. Aus einzelnen Interviews geht hervor, dass sich die jeweiligen Führungskräfte in ihrem Führungsalltag bereits sehr intensiv mit systemtheoretischen Überlegungen auseinandersetzen. Eine Entscheidung kann demzufolge nicht auf Basis der dyadischen Beziehung zwischen Führungskraft und Mitarbeiter getroffen werden, sondern muss auf ihre Auswirkungen hinsichtlich des restlichen Mikrosystems betrachtet werden[102]. Eine Führungskraft formuliert darüber hinaus Anforderungen an die Führungsforschung, nach denen nicht länger eine Beschränkung auf die Beschreibung von Charaktereigenschaften von Führungskräften erfolgen darf. Ihr zufolge sollte stattdessen ein größerer Fokus auf die tatsächlichen Leistungen und

---

[102] Vgl. (Graf & Witte, 2012, S. 515 f.)

Aufgaben einer Führungskraft gelegt werden. Hierzu sollten konkrete Positionen beschrieben werden, die eine Führungskraft ausfüllen muss.
Das Konzept der synergetischen Führung verwirklicht diese Forderung durch Formulierung der sechs Managementfunktionen und rückt von einer eigenschaftsbezogenen Sichtweise ab, in dem es die Systemrolle der Führungskraft in den Fokus stellt[103].
Wie eingangs bereits angemerkt, hat sich die Teilnehmerakquise für die Studie als überaus unkompliziert herausgestellt. Die Führungskräfte haben sich viel Zeit für die Interviews genommen und zeigten, dass sie dem Thema eine hohe Relevanz beimessen. Die Umsetzung der CIT erwies sich hingegen als schwierig, da ein Großteil der befragten Führungskräfte sich nicht auf die entsprechend tiefergehenden Fragen einlassen wollte und diese oftmals als zu persönlich und kritisch wahrgenommen wurden. Aus der Retrospektive wäre hier ein noch stärkeres Insistieren förderlich gewesen. Daher konnte die Analyse von Verhaltensanforderungen nicht wie geplant umgesetzt werden. Dennoch haben sich im Rahmen der Studie zahlreiche interessante und wertvolle Erkenntnisse über Bewältigungsstrategien ergeben, mit denen die befragten Führungskräfte den Herausforderungen des Führungsalltags begegnen.
Zur nachhaltigen Bewältigung eben jener Herausforderungen kann dieser Handlungsbedarf durch das systemtheoretische Führungsverständnis erfüllt werden. Das Konzept der synergetischen Führung enthält m.E. ein enormes Potential für die Führungspraxis, um den Herausforderungen des Führungsalltags begegnen zu können.
Synergetische Führung trifft den Nerv der Zeit. Gerade in Zeiten des stetigen Wandels und im Hinblick auf die ständig steigenden Anforderungen der Wirtschaft ermöglicht das Konzept der synergetischen Führung den Ausbruch aus festgefahrenen Strukturen. Um im Wettbewerb bestehen zu können, bedarf es eines umfassenden Perspektivenwechsels als Grundlage eines zeitgemäßen Führungsverständnisses. Daher ist es m.E. für Führungskräfte notwendig, diesen umfassenden Perspektivenwechsel zu wagen und die synergetische Führung in ihre Führungspraxis zu etablieren. Dies geht mit einer großen, umfangreichen Veränderung einher. Wie der ehemalige Bundespräsident Roman Herzog 1997 in einer Rede postulierte: *„Durch Deutschland muß ein Ruck gehen.“*[104] – Diesen Ruck benötigen wir auch in der Führung.

---

[103] Vgl. (Graf & Witte, 2012, S. 527 f.)
[104] S. (Herzog, 1997) Online: http://www.bundespraesident.de/SharedDocs/Reden/DE/Roman-Herzog/Reden/1997/04/19970426_Rede.html

Anhang

Anhang 1: Interviewleitfaden

1. Einleitung

Durch ein paar einleitende Worte wird eine gute Gesprächsatmosphäre geschaffen und es werden einige Hinweise zum bevorstehenden Interview gegeben:

„Sie haben sich heute für mich Zeit genommen um mit mir ein Interview zu meiner qualitativen Studie zu führen. Fokus unseres Gesprächs liegt auf Ihren Erfahrungen mit bestimmten anspruchsvollen Situationen im Führungsalltag und wie Sie mit diesen umgegangen sind, bzw. diese lösen konnten. Ziel meiner Studie ist die Untersuchung von bestimmten Herausforderungen im Führungsalltag und die nähere Betrachtung davon, wie mit diesen umgehen."

„Wie vorab bereits besprochen, möchte ich dieses Interview gern akustisch aufnehmen. Das Tonmaterial dient mir ausschließlich zur schriftlichen Verarbeitung des Interviews und wird nicht weitergegeben oder veröffentlicht. Sind Sie damit einverstanden? Bereits beim Verschriften wird Ihr Interview darüber hinaus anonymisiert, persönliche Daten, die Rückschlüsse auf Ihre Person zulassen, werden nicht mit ins Protokoll übernommen."

Vor Beginn des Interviews wird der Befragungskopf ausgefüllt.

Interviewdaten	**Interview Nr.:**
Datum, Uhrzeit, Ort:	Geschlecht:
	○männlich ○weiblich
Name:	Führungserfahrung in Jahren:
Firma, ggf. Branche:	Anzahl direkt unterstellte Mitarbeiter:

2. Fragenkatalog

2.1. Einstiegsfrage

Bitte beschreiben Sie mir zum Einstieg, wie Sie sich als Führungskraft wahrnehmen? Bitte nennen Sie mir hierfür fünf Adjektive. […]
Wie würden Sie Ihren Führungsstil beschreiben?

2.2. Leitfrage

Erzählen Sie mir doch bitte zum Einstieg, an welche Führungsherausforderungen aus der letzten Zeit Sie sich noch genau erinnern können.

2.2.1. Allgemeine Aufrechterhaltungsfragen

Lassen Sie uns darauf mal genauer eingehen, was meinen Sie mit…?
Wie ging es dann weiter?
Was haben Sie daraus für Konsequenzen/Schlussfolgerungen gezogen?
Gab es noch weitere Situationen?

2.3. Dilemma-Fragen

---- Falls Aspekte bereits in der Leitfragen-Antwort aufgekommen sind → Nachfragen unbedingt vorziehen, nicht auf später verschieben und wiederaufnehmen ----
Falls die Teilnehmer intuitiv mit „nein" antworten→ nachhaken/Frage umformulieren]

2.3.1. Inwiefern wurde es in Ihrem Führungsalltag bereits zur Herausforderung, das richtige Maß zwischen den Grundsätzen „Gleichbehandlung" und „Einzelfallentscheidung" zu finden?

Umformulierte Frage und Gegenfrage:
An welche Situationen können Sie sich erinnern, in denen Herausforderungen entstanden sind, weil Sie diese anhand des konkreten Einzelfalls und nicht im Sinne des Gleichbehandlungsgrundsatzes getroffen haben?
Gegenfrage: Inwieweit kam es bereits zu Problemsituationen, weil Sie Entscheidungen eben nicht anhand des konkreten Einzelfalls getroffen haben, sondern im Sinne der Gleichbehandlung bzw. Gleichmäßigkeit Ihrer Entscheidungen?
Weiterführende Fragen (CIT):
Bitte beschreiben Sie mir die Situation und Rahmenbedingungen ganz genau.
Wie haben Sie darauf reagiert?
Wie haben Sie versucht, das Problem zu lösen?
Ist es Ihnen gelungen, das Problem damit zu lösen?
Welche Handlungsalternativen hätten Sie damals gehabt?
Warum haben Sie sich für diese Handlungsalternative entschieden?
Würden Sie aus heutiger Sicht anders reagieren? Falls ja, in welcher Hinsicht?

Wie wurde Ihre Lösung von den Beteiligten aufgenommen?

Welche Konsequenzen oder Schlussfolgerungen haben Sie daraus für sich gezogen?

2.3.2. In welchem Umfang haben Sie Erfahrung damit gemacht, dass es zum Problem wurde, weil Ihre Mitarbeiter vorwiegend fremdbestimmt gearbeitet haben?

Umformulierte Frage und Gegenfrage:

Ist es bereits vorgekommen, dass Mitarbeitern die Kompetenz zur Reflektion und Verbesserung ihrer eigenen Arbeitsabläufe fehlte? … [Falls ja:] „In welcher Hinsicht wurde das zum Problem?"

Gegenfrage: Welche Situationen gab es dagegen, in denen ein zu hohes Maß an Selbstbestimmung zu Problemsituationen geführt hat?

Weiterführende Fragen (CIT):

(Siehe 2.3.1.)

2.3.3. Inwieweit ist es bereits vorgekommen, dass ein Problem aufkam, weil notwendige Veränderungen nicht rechtzeitig oder nicht in angemessenen Umfang angegangen wurden?

Umformulierte Frage und Gegenfrage:

Gab es Situationen, in denen am alten Zustand festgehalten wurden, obwohl Veränderung notwendig war? … [Falls ja:] „Bitte beschreiben Sie mir diese."

Gegenfrage: Inwieweit ist es bereits vorgekommen, dass eine Veränderung unnötig oder verfrüht vorgenommen wurde und im Nachhinein das Bewahren des Altzustandes besser gewesen wäre?

Weiterführende Fragen (CIT):

(Siehe 2.3.1.)

2.3.4. Welche Situationen gab es in Ihrer Erfahrung als Führungskraft, in denen Konkurrenzdenken unter Ihren Mitarbeitern zum Problem wurde?

Umformulierte Frage und Gegenfrage:

Wie schätzen Sie die Auswirkungen von Konkurrenzsituationen auf die tatsächliche Leistungskraft des Teams ein?

Gegenfrage: Inwieweit wurde hingegen in Ihrem Führungsalltag mangelnde Konkurrenz zwischen den Mitarbeitern zum Problem?

Weiterführende Fragen (CIT):

(Siehe 2.3.1.)

2.3.5. Arbeiten Sie in Ihrem Führungsalltag mit Ihren Mitarbeitern vorwiegend zielorientiert oder eher verfahrensorientiert? Inwieweit kam es dahingehend bereits zu Herausforderungen für Sie als Führungskraft?

Umformulierte Frage:

Welche Auswirkungen hat eine solche Situation hinsichtlich der Motivation und Leistungsfähigkeit der Mitarbeiter Ihrer Meinung nach?

Weiterführende Fragen (CIT):

(Siehe 2.3.1.)

2.4. Schlussfrage:

Wir haben nun lange über Problemsituationen geredet, die ich Ihnen vorgegeben habe. Mit welchen Herausforderungen sind Sie in Ihrem Führungsalltag bereits konfrontiert worden, über die wir bislang noch nicht gesprochen haben?

3. Interviewabschluss:

„Vielen Dank für die Zeit, die Sie sich für unser Interview genommen haben und für die vielen spannenden Erkenntnisse, die ich durch Sie gewinnen konnte!"

„Haben Sie Interesse daran, die Auswertung meiner Studie weiter zu verfolgen?"

Anhang 2: Kategoriensystem Übersicht & Auswertung

Kategorie-kennung	**Kategorieformulierung**	**Anzahl Kodes**	**% aller Kodes**	**Anzahl Führungskräfte**	**% aller Führungskräfte**
K-1	**Umgang mit Unvereinbarkeit von Unternehmenszielen mit eigenen Zielen/Wertesystem ist herausfordernd**	7	0,368%	6	26,087%
K-2	**Vermittlung von Unternehmenszielen/-entscheidungen an die Mitarbeiter ist heraufordernd**	12	0,631%	9	39,130%
K-3	**Lösungsansatz situatlonsbezogenes Abwägen**	19	0,999%	11	47,826%
K-4	**Lösungsansatz Vermittlung (Konsens-/Kompromissfindung)**	22	1,157%	14	60,870%
K-5	**Vermittlung zwischen Geschäftsführung und Mitarbeitern ist herausfordernd**	10	0,526%	8	34,783%
K-6	**Trotz kontinuierlichem Wiederansprechen kann Maßnahme nicht durchgesetzt werden**	3	0,158%	3	13,043%
K-7	**Lösungsansatz Erklärung von Hintergründen**	29	1,525%	18	78,261%

K-8	**Lösungsansatz Bewertung der Relevanz des Aspektes zur Entscheidung über weiteres Vorgehen**	11	0,578%	9	39,130%
K-9	**Rationales und angemessenes Entscheidungsverhalten als Erfolgsfaktor**	4	0,210%	3	13,043%
K-10	**Umgang mit teaminternen Konflikten ist herausfordernd**	8	0,421%	8	34,783%
K-11	**Lösungsansatz Rückholung auf die Sachebene/Einfangen von Emotionen**	12	0,631%	8	34,783%
K-12	**Lösungsansatz Anregen von Perspektivenwechseln**	15	0,789%	10	43,478%
K-13	**Lösungsansatz Appell an die Vernunft**	4	0,210%	4	17,391%
K-14	**Lösungsansatz Fördern von Verständnis/Toleranz**	13	0,683%	10	43,478%
K-15	**Lösungsansatz frühzeitiges/präventives Eingreifen**	11	0,578%	9	39,130%
K-16	**Lösungsansatz persönliche Kommunikation/Gespräche**	59	3,102%	21	91,304%
K-17	**Lösungsansatz Supervisionen/Coaching**	9	0,473%	7	30,435%
K-18	**Erfahrung als Erfolgsfaktor**	6	0,315%	5	21,739%

K-19	**Kritikfähigkeit/Kritikkultur als Erfolgsfaktor**	4	0,210%	4	17,391%
K-20	**Kompetenz zur Selbstreflektion als Erfolgsfaktor**	12	0,631%	9	39,130%
K-21	**Motivation der Mitarbeiter erzeugen/aufrechterhalten ist herausfordernd**	13	0,683%	9	39,130%
K-22	**Umgang mit Selbstbild-/Fremdbildabweichung ist herausfordernd**	6	0,315%	5	21,739%
K-23	**Generationenwechsel: Herausforderung durch Veränderung der Arbeitnehmerklientel**	2	0,105%	2	8,696%
K-24	**Ausgeprägte Fremdbestimmung führt zu Kompetenzmangel/Kompetenzverlust**	6	0,315%	5	21,739%
K-25	**Lösungsansatz klare Vermittlung von Erwartungen/Ansprüchen**	14	0,736%	13	56,522%
K-26	**Herausforderung durch Individualentscheidung**	23	1,209%	23	100,000 %
K-27	**Individualbehandlung als Grundsatz des Entscheidungsverhaltens**	17	0,894%	17	73,913%

K-28	**Gleichbehandlung wird individuellen Eigenschaften/Bedürfnissen der Mitarbeiter nicht gerecht**	15	0,789%	15	65,217%
K-29	**Umgang mit Mitarbeitern von unterschiedlicher Leistungsstärke ist herausfordernd**	2	0,105%	2	8,696%
K-30	**Lösungsansatz individuell auf den jeweiligen Mitarbeiter eingehen/Gesamtbild betrachten**	26	1,367%	17	73,913%
K-31	**Gleichbehandlung nur bei gleichen Voraussetzungen**	5	0,263%	5	21,739%
K-32	**Lösungsansatz Entscheidungen den individuellen Umständen gerecht, angemessen, fair und sozial**	18	0,946%	15	65,217%
K-33	**Härtere Entscheidungsalternativen nicht gerechtfertigt/angemessen**	8	0,421%	7	30,435%
K-34	**Situation entschärfen und abwarten**	3	0,158%	3	13,043%
K-35	**Lösungsansatz offene Konfliktkultur/ Austausch im Team über Problemsituationen**	34	1,788%	15	65,217%

K-36	**Lösungsansatz Mitarbeiter aktiv miteinbeziehen**	28	1,472%	18	78,261%
K-37	**Mitarbeiter empfinden Entscheidung/Situation als ungerecht/nicht nachvollziehbar**	24	1,262%	18	78,261%
K-38	**Lösungsansatz Motivation**	11	0,578%	10	43,478%
K-39	**Lösungsansatz Beobachtung/Analyse der Situation/Entwicklung**	11	0,578%	10	43,478%
K-40	**Lösungsansatz kollegiale Beratung**	5	0,263%	5	21,739%
K-41	**Kommunikation über persönliche Lebenssituationen als Grundlage für Individualentscheidungen**	10	0,526%	10	43,478%
K-42	**Herausforderung durch Fremdbestimmung**	17	0,894%	16	69,565%
K-43	**Fremdbestimmung durch Geschäftsführung/betriebliche Vorgaben**	13	0,683%	13	56,522%
K-44	**Ausgeprägte Fremdbestimmung führt zu verminderter Effektivität/Effizienz**	12	0,631%	12	52,174%
K-45	**Lösungsansatz mehr Selbstbestimmung generieren**	13	0,683%	13	56,522%

K-46	**Ausgeprägte Fremdbestimmung/Kontrolle vermindert Motivation/Arbeitszufriedenheit der Mitarbeiter**	22	1,157%	19	82,609%
K-47	**Lösungsansatz Fortbildungsmaßnahmen/Weiterentwicklung/Förderung von Kompetenzen**	35	1,840%	20	86,957%
K-48	**Lösungsansatz Kritik/Feedback an die Mitarbeiter**	2	0,105%	2	8,696%
K-49	**Lösungsansatz Förderung von Problemlösung durch die Mitarbeiter/Hilfe zur Selbsthilfe**	23	1,209%	12	52,174%
K-50	**Herausforderung durch nicht rechtzeitige/zu wenig umfangreiche Veränderung**	22	1,157%	22	95,652%
K-51	**Ursache für Herausforderung ist Macht/Status**	5	0,263%	4	17,391%
K-52	**Mangelhafte Planung als Ursache für Herausforderungen**	3	0,158%	3	13,043%
K-53	**Umgang mit abteilungsübergreifenden Konflikten ist herausfordernd**	3	0,158%	3	13,043%

K-54	**Erfolgsfaktor frühzeitige/objektive Planung der Veränderung**	12	0,631%	12	52,174%
K-55	**Konflikt ist so festgefahren, dass keine einvernehmliche Lösung/sinnvolle Intervention mehr möglich ist**	5	0,263%	4	17,391%
K-56	**Herausforderung durch übereilte, zu umfangreiche Veränderung**	14	0,736%	14	60,870%
K-57	**Mitarbeiter reagieren durch Widerstand/keine Einsicht**	30	1,577%	18	78,261%
K-58	**Mangels Entscheidungskompetenz ist kein (alternatives) Handeln möglich**	32	1,682%	19	82,609%
K-59	**Herausforderung durch Konkurrenzdenken zwischen Mitarbeitern**	21	1,104%	21	91,304%
K-60	**Konkurrenzdenken bezüglich Stellenbesetzung/Weiterentwicklung/Aufstiegsmöglichkeit**	10	0,526%	10	43,478%
K-61	**Konkurrenzdenken bezüglich Lob/Anerkennung durch die Führungskraft**	4	0,210%	4	17,391%

K-62	**Konkurrenzdenken bezüglich Informationen/Arbeitsmitteln**	8	0,421%	8	34,783%
K-63	**Konkurrenzsituationen schaden der Arbeitsqualität des Teams**	10	0,526%	9	39,130%
K-64	**Lösungsansatz Veränderung der Teamzusammensetzung/Versetzung**	11	0,578%	9	39,130%
K-65	**Grenzen ziehen/Rechtzeitiges Einleiten von weiteren Maßnahmen als Erfolgsfaktor**	12	0,631%	10	43,478%
K-66	**Teamkonflikte für die Führungskraft nicht direkt offen/erkennbar**	5	0,263%	5	21,739%
K-67	**Bewusste/durchdachte Personalauswahl als Herausforderung**	5	0,263%	5	21,739%
K-68	**Berücksichtigung des Teamrollen-Modells**	3	0,158%	3	13,043%
K-69	**Mangelndes Konkurrenzdenken erschwert Veränderung/Dynamik der Mitarbeiter**	6	0,315%	6	26,087%
K-70	**Mangelndes Konkurrenzdenken erzeugt kontraproduktive Gruppendynamik/verschlossene Konfliktkultur**	7	0,368%	7	30,435%

K-71	**Zielorientierte Arbeit mit den Mitarbeitern**	9	0,473%	9	39,130%
K-72	**Lösungsansatz Wahrnehmen der Vorbildfunktion**	12	0,631%	10	43,478%
K-73	**Umgang mit Dynamik/Entwicklungsdruck ist herausfordernd**	5	0,263%	5	21,739%
K-74	**Verständnis/hohe Hilfsbereitschaft im Team als Erfolgsfaktor**	15	0,789%	13	56,522%
K-75	**Lösungsansatz Entscheidung vorgeben/konsequent durchsetzen**	25	1,314%	14	60,870%
K-76	**Fremdbestimmung durch gesetzliche Vorgaben**	20	1,052%	15	65,217%
K-77	**Ein gewisses Maß an Fremdbestimmung ist notwendig**	12	0,631%	10	43,478%
K-78	**Herausforderung durch Selbstbestimmung**	17	0,894%	17	73,913%
K-79	**Lösungsansatz Kontrolle**	7	0,368%	6	26,087%
K-80	**Aufgrund unvorhersehbarer Entwicklungen ist kein (alternatives) Handeln möglich**	6	0,315%	6	26,087%
K-81	**Umgang mit Angst vor Veränderung ist herausfordernd**	7	0,368%	7	30,435%

K-82	**Umgang mit negativer Grundeinstellung gegenüber Veränderung ist herausfordernd**	10	0,526%	9	39,130%
K-83	**Lösungsansatz Offenheit/Transparenz im Entscheidungsverhalten**	15	0,789%	12	52,174%
K-84	**Lösungsansatz Sicherheit geben**	7	0,368%	6	26,087%
K-85	**Lösungsansatz genug Zeit einplanen/zeitlichen Druck nehmen**	16	0,841%	13	56,522%
K-86	**Lösungsansatz Vorteile aufzeigen**	14	0,736%	11	47,826%
K-87	**Lösungsansatz Ausprobieren ermöglichen um Vorbehalte abzubauen**	10	0,526%	8	34,783%
K-88	**Flexible Konzeption/Anpassungsfähigkeit als Erfolgsfaktor**	4	0,210%	4	17,391%
K-89	**Konkurrenzdenken bezüglich Aufgaben/Arbeitspensum**	10	0,526%	10	43,478%
K-90	**Lösungsansatz Delegation der Verantwortung an die Mitarbeiter (Hol-/Bringschuld)**	16	0,841%	12	52,174%
K-91	**Positive Fehlerkultur/Lernen aus Fehlern als Erfolgsfaktor**	5	0,263%	5	21,739%

K-92	**Standardisierung von Arbeitsmitteln beugt Konkurrenzsituationen vor**	4	0,210%	4	17,391%
K-93	**Herausforderungen durch mangelndes Konurrenzdenken**	13	0,683%	13	56,522%
K-94	**Mangelndes Konkurrenzdenken hat negative Auswirkungen auf Motivation/Engagement der Mitarbeiter**	10	0,526%	10	43,478%
K-95	**Lösungsansatz bewusstes Schaffen von Konkurrenzsituationen/konstruktive Unruhe**	7	0,368%	7	30,435%
K-96	**Kombination von Ziel- und Verfahrensorientierung**	13	0,683%	13	56,522%
K-97	**Motivation der Mitarbeiter durch Zielorientierung**	9	0,473%	9	39,130%
K-98	**Umgang/Kompensation von krankheitsbedingten Ausfällen ist herausfordernd**	9	0,473%	9	39,130%
K-99	**Lösungsansatz Kompensation durch Zeitarbeit/kurzfristige Aushilfen/Springer**	4	0,210%	4	17,391%

K-100	**Unzufriedenheit der Mitarbeiter als Ursache für Herausforderung**	1	0,053%	1	4,348%
K-101	**Lösungsansatz Entlastung/Vermeidung von Überlastung der Mitarbeiter**	10	0,526%	8	34,783%
K-102	**Lösungsansatz Schaffen von mehr Flexibilität für die Mitarbeiter**	1	0,053%	1	4,348%
K-103	**Kompensation von Ausfällen bewirkt Qualitätseinbußen/Demotivation/Überlastung der Mitarbeiter**	6	0,315%	6	26,087%
K-104	**Individualregelungen dürfen nicht zu Lasten des Teams gehen**	8	0,421%	8	34,783%
K-105	**Individualregelungen brauchen gerechtfertigte/nachvollziehbare Gründe**	9	0,473%	8	34,783%
K-106	**Herausforderung durch Gleichbehandlung**	11	0,578%	11	47,826%
K-107	**Grenzen der Individualbehandlung durch Gesetz/Moral**	3	0,158%	3	13,043%
K-108	**Lösungsansatz Bearbeitung/Aufarbeitung des Konfliktes**	13	0,683%	9	39,130%

K-109	**Lösungsansatz Definition/Abgrenzung eines Rahmens für selbstbestimmtes Arbeiten**	22	1,157%	17	73,913%
K-110	**Selbstbestimmung fördert Selbstmanagement-/Prozesskompetenzen der Mitarbeiter**	10	0,526%	10	43,478%
K-111	**Manche Mitarbeiter benötigen/fordern ein höheres Maß an Fremdbestimmung**	11	0,578%	10	43,478%
K-112	**Umgang mit emotional aufgeladenen Konflikten/Widerständen ist herausfordernd**	12	0,631%	11	47,826%
K-113	**Lösungsansatz Erfragen der Gründe/Intentionen für das Verhalten**	17	0,894%	13	56,522%
K-114	**Etablieren einer positiven Veränderungskultur**	6	0,315%	6	26,087%
K-115	**Erhaltung der Zufriedenheit/Akzeptanz der Kunden ist herausfordernd**	4	0,210%	4	17,391%
K-116	**Lösungsansatz ausführlicher Einarbeitungsgprozess**	6	0,315%	6	26,087%
K-117	**Konkurrenz durch Hierarchie**	4	0,210%	4	17,391%

K-118	**Lösungsansatz Aufbau/Verbesserung des Vertrauensverhältnisses**	7	0,368%	7	30,435%
K-119	**Veränderung/Dynamik beugt mangelndem Konkurrenzdenken vor**	3	0,158%	3	13,043%
K-120	**Motivations-/Anreizsysteme beugen mangelndem Konkurrenzdenken vor**	3	0,158%	3	13,043%
K-121	**Formulierung von realisierbaren, konkreten Zielen als Erfolgsfaktor (SMART)**	5	0,263%	5	21,739%
K-122	**Organisatorische/konzeptionelle Arbeit ist herausfordernd**	5	0,263%	4	17,391%
K-123	**Umgang mit der "Sandwich-Position" der unteren Führungsebene ist herausfordernd**	7	0,368%	7	30,435%
K-124	**Gleichbehandlung als Grundsatz des Entscheidungsverhaltens**	3	0,158%	3	13,043%
K-125	**Lösungsansatz Stärkung des Teamgefühls/Verbesserung des Arbeitsklimas**	15	0,789%	12	52,174%

K-126	**Überlastung/Abrücken des Tätigkeitsfeldes vom Berufskern durch steigende administrative Anforderungen**	8	0,421%	8	34,783%
K-127	**Lösungsansatz Schaffen von klaren Regelungen/Strukturen für die Zukunft**	29	1,525%	16	69,565%
K-128	**Konkurrenzdenken ist nicht notwendig**	7	0,368%	6	26,087%
K-129	**Fokus auf Verfahrensorientierung ist institutionell vorgegeben**	6	0,315%	6	26,087%
K-130	**Verfahrensorientierung wird durch gute Zielarbeit abdingbar**	3	0,158%	3	13,043%
K-131	**Umgang mit Mitarbeitern, die mit Zielorientierung nicht zurechtkommen ist herausfordernd**	12	0,631%	12	52,174%
K-132	**Mangelnde Zielorientierung bewirkt falsches Setzen von Prioritäten**	3	0,158%	3	13,043%
K-133	**Mangelnde Zielorientierung verhindert den Blick auf das Gesamtsystem**	3	0,158%	3	13,043%
K-134	**Umgang mit Arbeitsmarktsituation ist herausfordernd**	3	0,158%	2	8,696%

K-135	**Lösungsansatz flexibel agieren**	6	0,315%	6	26,087%
K-136	**Lösungsansatz zukunftsgerichtete Einstellung**	4	0,210%	4	17,391%
K-137	**Lösungsansatz Berücksichtigung des Gesamtsystems**	6	0,315%	6	26,087%
K-138	**Lösungsansatz Setzen/Überprüfung von Prioritäten**	6	0,315%	6	26,087%
K-139	**Lösungsansatz sachlich/unemotional entscheiden**	2	0,105%	2	8,696%
K-140	**Führungskraft ist offen für Individualregelungen**	4	0,210%	4	17,391%
K-141	**Mitarbeiter können sehr selbstbestimmt arbeiten**	16	0,841%	12	52,174%
K-142	**Lösungsansatz Einsatz einer neutralen Person**	4	0,210%	4	17,391%
K-143	**Ein gewisses Maß an Beständigkeit als Erfolgsfaktor**	5	0,263%	5	21,739%
K-144	**Konkurrenzdenken ist in gewissem Maß notwendig/erwünscht**	10	0,526%	10	43,478%
K-145	**Fortlaufende Reflektion/Verbesserung zur Steigerung der Führungsqualität als Erfolgsfaktor**	4	0,210%	4	17,391%

K-146	**Umgang mit Problemen ist herausfordernd, wenn persönliches Verständnis für den Mitarbeiter vorliegt**	5	0,263%	4	17,391%
K-147	**Lösungsansatz bewusstes Vertagen der Konfliktaustragung zur Schaffung konstruktiver Bedingungen**	4	0,210%	4	17,391%
K-148	**Eigentliche Konfliktursache oft wesentlich tiefergehend als die Auslöser (Bagatellen)**	5	0,263%	4	17,391%
K 149	**Aushalten von Konflikten/Akzeptanz, dass man es nicht jedem recht machen kann**	8	0,421%	8	34,783%
K-150	**Mitarbeiter hinterfragen Entscheidungsgründe aktiv**	4	0,210%	4	17,391%
K-151	**Konflikt nicht endgültig gelöst, kommt wieder auf**	4	0,210%	4	17,391%
K-152	**Ursache für Herausforderung ist mangelnde Nachhaltigkeit der Veränderung**	2	0,105%	2	8,696%
K-153	**Lösungsansatz Unterstützung der Mitarbeiter/Loyalität durch die Führungskraft**	10	0,526%	9	39,130%

K-154	**Mitarbeiter reagieren durch Festhalten am Altzustand**	7	0,368%	7	30,435%
K-155	**Lösungsansatz gemeinsame Erarbeitung/Entwicklung im Team**	10	0,526%	8	34,783%
K-156	**Effektivität der Zielorientierung ist stark abhängig von Qualität der Zielsetzung**	4	0,210%	4	17,391%
K-157	**Ausrichtung Ziel-/Verfahrensorientierung ist Typsache**	9	0,473%	8	34,783%
K-158	**Umgang mit direkter Einforderung von Individualbehandlung/Sonderrechten ist herausfordernd**	9	0,473%	7	30,435%
K-159	**Abschätzen von Erfolg/Umsetzbarkeit einer Maßnahme ist herausfordernd**	3	0,158%	3	13,043%
K-160	**Lösungsansatz Rückabwicklung einer nicht erfolgreichen Maßnahme/Kehrtwende**	4	0,210%	3	13,043%
K-161	**Förderung von Weiterentwicklung/Verbesserung der Mitarbeiter über Anreizsystem**	8	0,421%	7	30,435%

K-162	**Gleichbehandlung für allgemeine/strukturübergreifende Regeln/Rahmenbedingungen**	8	0,421%	8	34,783%
K-163	**Anspruch nach einem gewissen Maß an Veränderungskompetenz/-willen**	3	0,158%	3	13,043%
K-164	**Mitarbeiter zeigen Einsicht/Akzeptanz**	18	0,946%	11	47,826%
K-165	**Kündigung seitens des Mitarbeiters**	12	0,631%	10	43,478%
K-166	**Kündigung seitens des Arbeitgebers**	10	0,526%	8	34,783%
K-167	**Konkurrenzdenken bezüglich leistungsorientierter Entlohnung**	5	0,263%	5	21,739%
K-168	**Umgang mit Zieldiskrepanzen ist herausfordernd**	3	0,158%	3	13,043%
K-169	**Sonderregelungen dürfen den Betriebsablauf nicht gefährden**	7	0,368%	6	26,087%
K-170	**Führungskraft trägt Verantwortung**	4	0,210%	4	17,391%
K-171	**Bewusstes Hinwegsetzen über Regeln**	10	0,526%	7	30,435%
K-172	**Mitarbeiter bevorzugen Beständigkeit/empfinden Veränderung als unangenehm**	8	0,421%	8	34,783%

K-173	**Lösungsansatz Verständnis aufzeigen/Empathie vermitteln**	11	0,578%	9	39,130%
K-174	**Ursache für Herausforderung ist abrupte/plötzliche Durchführung der Veränderung**	6	0,315%	5	21,739%
K-175	**Lösunganstatz Motivation durch Anerkennung/Wertschätzung**	9	0,473%	8	34,783%
K-176	**Mangelnde Zielorientierung erschwert lösungsorientierte/flexible Arbeitsweise**	5	0,263%	5	21,739%
K-177	**Entlassung von Mitarbeitern als Herausforderung**	4	0,210%	4	17,391%
K-178	**Balance zwischen Individual-/Gleichbehandlung institutionell vorgegeben**	5	0,263%	5	21,739%
K-179	**Prämienausschüttung erfolgt für jeden Mitarbeiter gleichmäßig**	1	0,053%	1	4,348%
K-180	**Umgang mit Sonderregelungen der betrieblicher Übung ist herausfordernd**	1	0,053%	1	4,348%
K-181	**Mangelnde Veränderung bewirkt Stillstand**	1	0,053%	1	4,348%

K-182	**Vermeidung von Konkurrenzsituationen durch abgerenzte/vielfältige Aufgabengebiete der Mitarbeiter**	4	0,210%	4	17,391%
K-183	**Umgang mit steigendem Arbeitsvolumen ist herausfordernd**	1	0,053%	1	4,348%
K-184	**Umgang mit Spannungsfeld Wirtschaftlichkeit - Mitarbeiterorientierung ist herausfordernd**	3	0,158%	3	13,043%
K-185	**Lösungsansatz Verfahrensoptimierung**	5	0,263%	5	21,739%
K-186	**Genug Zeit für die aktive Führungsarbeit zu schaffen ist herausfordernd**	5	0,263%	5	21,739%
K-187	**Unbeabsichtigte Ungleichbehandlung**	2	0,105%	2	8,696%
K-188	**Lösungsansatz für Handeln einstehen/entschuldigen/begründen**	4	0,210%	4	17,391%
K-189	**Gleichbehandlung durch Unkenntnis über individuelle Bedürfnisse**	3	0,158%	3	13,043%
K-190	**Ursache sind bisher nicht geklärte Regelungen/Zuständigkeiten für den Problemaspekt**	3	0,158%	3	13,043%

K-191	**Ursache ist mangelnde Berücksichtigung des Gesamtsystems**	4	0,210%	3	13,043%
K-192	**Vernachlässigung der Schuldfrage als Erfolgsfaktor**	4	0,210%	4	17,391%
K-193	**Herausforderung Veränderungen brauchen oft mehr Zeit als geplant**	1	0,053%	1	4,348%
K-194	**Berücksichtigung/Anpassung der eignen Erwartungen an die Mitarbeiter ist herausfordernd**	4	0,210%	4	17,391%
K-195	**Lösungsansatz lösungsorientierte Herangehensweise**	8	0,421%	5	21,739%
K-196	**Keine pauschalen Entscheidungen nur um die Gleichbehandlung zu wahren**	4	0,210%	4	17,391%
K-197	**Mangelnde Konsensfindung als Ursache für Herausforderung**	1	0,053%	1	4,348%
K-198	**Erfolgsfaktor Nachvollziehbarkeit**	5	0,263%	5	21,739%
K-199	**Lösungsansatz funktionierenden/gleichmäßigen Informationsfluss sicherstellen**	8	0,421%	7	30,435%

K-200	**Lösungsansatz Multiplikator-Effekt durch die Mitarbeiter nutzen**	3	0,158%	3	13,043%
K-201	**Abteilungsübergreifende Konkurrenz hat positive Effekte auf das Teamklima**	1	0,053%	1	4,348%
K-202	**Aufgestaute/Unbearbeitete Konflikte brechen ab einem gewissen Maß automatisch aus**	3	0,158%	3	13,043%
K-203	**Umgang mit der eigenen herzlichen Art ist herausfordernd**	1	0,053%	1	4,348%
K-204	**Langfristige Bindung der Mitarbeiter ist herausfordernd**	1	0,053%	1	4,348%
K-205	**Einbringung persönlicher Komponenten wirkt sich positiv auf Motivation/Leistungsfähigkeit aus**	4	0,210%	4	17,391%
K-206	**Flache Hierarchien als Erfolgsfaktor**	1	0,053%	1	4,348%
K-207	**Ursache Veränderungsbedarf bleibt zu lange unentdeckt**	2	0,105%	2	8,696%
K-208	**Ausgeprägte Konkurrenzsituationen vermindern Motivation/Arbeitszufriedenheit**	3	0,158%	3	13,043%

K-209	**Lösungsansatz Hospitationen/job-rotation**	1	0,053%	1	4,348%
K-210	**Umgang mit privaten Problemen der Mitarbeiter ist herausfordernd**	1	0,053%	1	4,348%
K-211	**Von Individualentscheidungen profitiert jeder im Team**	7	0,368%	7	30,435%
K-212	**Führungsarbeit bei einem hohem Anteil weiblicher Mitarbeiter ist herausfordernd**	1	0,053%	1	4,348%
K-213	**Informationsmanagement ist herausfordernd**	1	0,053%	1	4,348%
K-214	**Bestimmung des richtigen Maßes Persönlichkeit-Distanz ist herausfordernd**	2	0,105%	2	8,696%
K-215	**Männliche Mitarbeiter können mit Konkurrenz besser umgehen/bleiben fair/sportlich**	1	0,053%	1	4,348%
K-216	**Verfahrensorientierte Arbeit mit den Mitarbeitern**	1	0,053%	1	4,348%
K-217	**Umgang mit einer hohen Fluktuation ist herausfordernd**	1	0,053%	1	4,348%
K-218	**Herausforderung durch Kultur-Konflikt**	1	0,053%	1	4,348%
	Summen:	**1902**	**100,0%**	**1574**	-

Literaturverzeichnis

Athanas, C., & Graf, N. (2013). Einleitung: Das neue Interesse an Talenten. In C. Athanas, & N. Graf (Hrsg.), *Innovative Talentstrategien - Talente finden, Kompetenzen fördern, Know-how binden* (S. 13-29). Freiburg/München: Haufe-Lexware.

Becker, M. (2011). *Systematische Personalentwicklung - Planung, Steuerung und Kontrolle im Funktionszyklus* (2., überarbeitete und erweiterte Ausg.). Stuttgart: Schäffer-Poeschel Verlag.

Gallup Inc. (10. März 2015). *Pressemitteilung Engagement Index 2014.* Abgerufen am 27. April 2015 von Gallup Engagement Index Deutschland: http://www.gallup.com/file/de-de/181862/Pressemitteilung%20zum%20Engagement%20Index%202014.pdf

Graf, N., & Witte, E. H. (2012). Synergetische Führung - die Steuerung eines zukunftsfähigen Mikrosystems. In S. Grote (Hrsg.), *Die Zukunft der Führung* (S. 513-529). Berlin/Heidelberg: Springer-Verlag.

Graf, N., & Witte, E. H. (2013). Synergetische Führung und Talentbindung. In C. Athanas, & N. Graf (Hrsg.), *Innovative Talentstrategien - Talente finden, Kompetenzen fördern, Know-How binden* (S. 295-308). Freiburg/München: Haufe-Lexware.

Hentze, J., Graf, A., Kammel, A., & Lindert, K. (2005). *Personalführungslehre - Grundlagen, Funktionen und Modelle der Führung* (4., neu berarbeitete Ausg.). Bern/Stuttgart/Wien: UTB - Haupt Verlag.

Herzog, R. (1997). *Berliner Rede 1997 von Bundespräsident Roman Herzog.* (Bundespräsidialamt, Hrsg.) Abgerufen am 7. Juni 2015 von Der Bundespräsident - Website: http://www.bundespraesident.de/SharedDocs/Reden/DE/Roman-Herzog/Reden/1997/04/19970426_Rede.html

KPMG AG Wirtschaftsprüfungsgesellschaft. (2013). *Auswirkungen regulatorischer Anforderungen - Studie.* Abgerufen am 2. Mai 2015 von KPMG Deutschland Website: https://www.kpmg.com/DE/de/Documents/auswirkungen-regulatorischer-anforderungen-2013.pdf

Mayring, P. (2002). *Einführung in die qualitative Sozialforschung - Eine Anleitung zu qualitativem Denken* (5., überarbeitete und neu ausgestattete Ausg.). Weinheim/Basel: Beltz Verlag.

Mayring, P. (2013). Qualitative Inhaltsanalyse. In U. Flick, E. von Kardorff, & I. Steinke (Hrsg.), *Qualitative Forschung - Ein Handbuch* (10. Ausg., S. 468-475). Reinbek bei Hamburg: Rowohlt Taschenbuch Verlag.

Mayring, P. (2015). *Qualitative Inhaltsanalyse - Grundlagen und Techniken* (12., überarbeitete Ausg.). Weinheim/Basel: Beltz Verlag.

Merkens, H. (2013). Auswahlverfahren, Sampling, Fallkonstruktion. In U. Flick, E. von Kardorff, & I. Steinke (Hrsg.), *Qualitative Forschung - Ein Handbuch* (10. Ausg., S. 286-299). Reinbek bei Hamburg: Rowohlt Taschenbuch Verlag.

Merton, R. K., & Kendall, P. L. (1993). Das fokussierte Interview. In C. Hopf, & E. Weingarten (Hrsg.), *Qualitative Sozialforschung* (3. Ausg., S. 171-204). Stuttgart: Klett-Cotta.

Neuberger, O. (2002). *Führen und führen lassen - Ansätze, Ergebnisse und Kritik der Führungsforschung* (6., völlig neu bearbeitete und erweiterte Ausg.). Stuttgart: UTB - Lucius & Lucius Verlagsgesellschaft.

Przyborski, A., & Wohlrab-Sahr, M. (2014). *Qualitative Sozialforschung - Ein Arbeitsbuch* (4., erweiterte Ausg.). (A. Mohr, Hrsg.) München: Oldenbourg Wissenschaftsverlag.

Verlag Springer Gabler (Hrsg.). (Gabler Wirtschaftlexikon). *Stichwort: Systemtheorie.* Abgerufen am 6. Mai 2015 von Gabler Wirtschaftslexikon: http://wirtschaftslexikon.gabler.de/Archiv/54955/systemtheorie-v8.html

Verlag Springer Gabler (Hrsg.). (Gabler Wirtschaftslexikon). *Stichwort: Lower Management.* Abgerufen am 27. April 2015 von Gabler Wirtschaftslexikon: http://wirtschaftslexikon.gabler.de/Archiv/85661/lower-management-v8.html

Willke, H. (2006). *Systemtheorie I: Grundlagen - Eine Einführung in die Grundprobleme der Theorie sozialer Systeme* (7., überarbeitete Ausg.). Stuttgart: UTB - Lucius & Lucius Verlagsgesellschaft.

Made in the USA
Las Vegas, NV
12 November 2024

11563245R00066